Jacques Flach

Études critiques
sur
l'histoire du droit romain
au Moyen âge

Elibron Classics
www.elibron.com

Elibron Classics series.

ISBN 0-543-69432-1 (paperback)
ISBN 0-543-69431-3 (hardcover)

This Elibron Classics Replica Edition is an unabridged facsimile of the edition published in 1890 by L. Larose et Forcel, Paris.

ÉTUDES CRITIQUES

SUR

L'HISTOIRE DU DROIT ROMAIN

AU MOYEN AGE

AVEC TEXTES INÉDITS

IMPRIMERIE
CONTANT-LAGUERRE
LVX VITAM
BAR-LE-DUC

ÉTUDES CRITIQUES

SUR

L'HISTOIRE DU DROIT ROMAIN

AU

MOYEN AGE

AVEC TEXTES INÉDITS

PAR

JACQUES FLACH

PROFESSEUR D'HISTOIRE DES LÉGISLATIONS COMPARÉES AU COLLÈGE DE FRANCE
PROFESSEUR A L'ÉCOLE DES SCIENCES POLITIQUES

PARIS

L. LAROSE ET FORCEL

Libraires-Éditeurs

22, RUE SOUFFLOT, 22

1890

A LA MÉMOIRE

D'ÉDOUARD LABOULAYE

AVANT-PROPOS.

Dans l'introduction du premier volume de mes *Origines de l'Ancienne France*, je disais : « J'ai évité la polémique, comptant davantage pour éclairer le lecteur, sur l'enchaînement des idées, des textes et des faits ». Mon sentiment n'a pas varié. Je m'efforcerai dans l'avenir comme par le passé de rester fidèle à cette règle. Mais la polémique ne se peut toujours éviter. Elle devient une loi fatale quand l'écrivain rencontre dans sa marche une théorie générale qu'il ne saurait ni côtoyer ni contourner, au travers de laquelle il doit passer, en auxiliaire ou en ennemi. Telle s'offrit à moi la théorie de la persistance, durant tout le moyen âge, d'une science du droit romain. Je l'examinai à la lumière directe des documents et ne pouvant m'y rallier je dus la combattre. De là est née la première de ces Etudes. Les deux autres s'y rattachent par un lien facile à saisir.

Dans la polémique à laquelle je me suis résigné j'espère avoir toujours lutté à armes courtoises. Si des noms propres sont revenus plus souvent que je n'aurais voulu sous ma plume, si la controverse a pris parfois quelque vivacité d'allure je serais désolé qu'on lui attribuât, à aucun degré, un caractère personnel. Je n'ai eu d'autre passion que d'élucider un problème d'histoire. Je combats les idées et non les hommes.

Paris, mai 1889.

PREMIÈRE ÉTUDE

LES THÉORIES HISTORIQUES DEPUIS SAVIGNY

LES THÉORIES HISTORIQUES DEPUIS SAVIGNY.

PREMIÈRE PARTIE.

VUES D'ENSEMBLE

CHAPITRE PREMIER.

L'ŒUVRE DE SAVIGNY ET SES CRITIQUES.

Savigny, en écrivant son histoire du droit romain au moyen âge, ne voulait pas soutenir une thèse, défendre un système, démontrer la persistance du droit romain depuis l'antiquité jusqu'aux temps modernes. Sa conscience d'historien était trop irréprochable, son respect pour la vérité historique trop sincère pour qu'il eût la tentation de subordonner ses recherches à une opinion préconçue. Du reste, il le déclare lui-même : la thèse ancienne que le droit romain avait succombé avec la chute de l'empire d'Occident était abandonnée depuis longtemps. Son but était de retracer l'histoire littéraire du droit romain.

La méthode s'appropria au but. Elle fut excellente.

Savigny se livra à une large et minutieuse exploration des sources, il exposa avec autant de netteté que d'élégance les résultats conquis. La synthèse naquit de l'analyse; jamais elle ne la précéda, jamais elle ne lui fit violence.

Tel fut son scrupule qu'il n'essaya même pas de dissimuler le défaut de symétrie qu'accusent les deux parties de son ouvrage, au point d'apparaître comme deux ouvrages distincts.

C'est qu'en effet pour toute la période antérieure aux glossateurs, Savigny ne trouva le droit romain vivant que dans les compilations officielles de l'époque barbare, dans les institutions et dans la pratique, tout au plus dans quelques recueils de droit canonique. Cette partie de son livre devint ainsi une histoire externe du droit plus qu'une histoire littéraire. L'histoire littéraire proprement dite ne commença qu'avec les glossateurs.

Le monument élevé par l'illustre historien frappa par la grandeur de l'ensemble et la beauté des détails. Il révélait, en somme, avec éclat, la vie continue du droit romain au sein des sociétés occidentales et il retraçait la renaissance brillante des études juridiques vers la fin du XIe siècle. Mais l'ordonnance fut critiquée. Notre esprit est exigeant : la logique surtout lui plaît et l'attire : de là le besoin d'harmonie et d'unité. Le défaut de symétrie choqua : on se refusa à le mettre sur le compte de l'histoire, on le reprocha à l'historien.

Le droit romain a persisté, dit-on, c'est désormais une vérité acquise, mais pourquoi l'étude scientifique de ce droit n'aurait-elle pas persisté de même? Savigny n'a-t-il pas été trop timide dans ses affirmations, trop incomplet dans ses recherches, n'a-t-il pas accepté trop docilement cette vieille fable d'une renaissance subite, à la voix d'Irnerius, de la science du droit romain depuis des siècles éteinte, ensevelie, tombée en léthargie?

Notre époque était propice entre toutes pour susciter ces idées, les répandre, leur ouvrir l'accès des meilleurs esprits. Si une théorie lui est familière et chère, n'est-ce pas celle de l'évolution, du progrès lent et régulier? Si quelque chose lui répugne, n'est-ce pas la pensée d'une solution de continuité suivie d'une brusque reprise? Comment s'étonner dès lors que les travaux étayés sur cette base, les travaux de M. Fitting[1] surtout, aient trouvé une adhésion prompte et facile et en Allemagne où ils sont nés

(1) J'indique ici ceux de ces travaux qui ont un caractère général. J'aurai à signaler les autres à fur et à mesure. Fitting, *Zur Geschichte der Rechtswissenschaft am Anfange des Mittelalters* (discours prononcé le 12 juillet 1874) (Halle, 1875). — *Juristische Schriften des früheren Mittelalters* (Halle, 1876). — *Zur Geschichte der Rechtswissenschaft im Mittelalter* (dans *Zeitschrift der Savigny-Stiftung*, t. VI, Roman. Abth., 1885, p. 94 et suiv.). — *Ueber neue Beiträge zur Geschichte der Rechtswissenschaft im früheren Mittelalter* (dans la même *Revue*, t. VII, Roman. Abth., p. 1 et suiv.). — *Die Anfänge der Rechtsschule zu Bologna* (Berlin et Leipzig, 1888, trad. en français, par M. Paul Leseur, Paris, 1888).

et dans les pays voisins où ils se sont répandus, en Belgique, en Italie, en France[1].

Le moment me paraît venu de soumettre cette doctrine à une critique rigoureuse et de réagir contre un courant qui menace d'entraîner la science hors de sa voie.

Certes, je ne prétends pas qu'il n'y ait rien à ajouter, rien à rectifier aux travaux de Savigny, et je ne méconnais pas davantage les services que M. Fitting et son école ont rendus à un point de vue général en publiant des textes juridiques du moyen âge ; mais j'estime que la science a pour premier devoir de ne pas s'avancer à coup d'affirmations dogmatiques et de systèmes généraux fondés sur la simple logique, qu'elle doit chercher le progrès et la lumière dans l'étude critique et désintéressée des sources. Or, l'étude des sources ne peut réunir ces conditions si l'historien date et juge les documents du point de vue d'une synthèse hypothétique. La synthèse n'est légitime que si l'âge, le caractère, la portée de chaque document sont fixés, au préalable, en allant du connu à l'inconnu. Procéder autrement, c'est aboutir à des confusions qui, en se multipliant, deviennent inextricables, c'est créer une opinion factice par l'impossibilité qu'il y a pour le plus grand nombre de s'orienter dans le dédale des arguments

(1) Voyez les articles de M. Alphonse Rivier dans la *Nouvelle Revue historique de droit*, t. I (1877), p. 1 et suiv.; t. XII (1888), p. 289 et suiv.; Caillemer, *Le droit civil dans les provinces anglo-normandes* au XIIe siècle (Caen, 1883); Chiappelli, *Lo studio Bolognese nelle sue origini* (Pistoie, 1888), etc., etc.

entrecroisés. Lisez les travaux écrits sur ce sujet depuis une quinzaine d'années, et vous éprouvez un sentiment de malaise inexprimable à voir non seulement les arguments de détail, mais les théories et les systèmes les plus subtilement échafaudés, s'écrouler comme les cristaux d'un kaléidoscope, se combiner suivant mille formes fugaces, parfois se renverser instantanément en des conclusions contraires. M. Fitting, par exemple, commence par démontrer dans une brochure étendue, que le Brachylogus est né à Rome, qu'il y a été écrit par un jurisconsulte romain, par ordre d'Otton III, en l'an 1000 (on voit combien tout cela est précis), qu'il est étroitement lié aux gloses de Turin, qu'il a utilisé les sentences de Paul directement et non par l'intermédiaire du Bréviaire d'Alaric (1). Quelques années plus tard, seconde brochure où le même auteur démontre que le Brachylogus est né en France, à Orléans, à la fin du XIe siècle, qu'il est l'œuvre d'une école française et qu'il procède du Bréviaire d'Alaric (2). Les variations n'ont pas été moindres et plus multiples encore au sujet des *Exceptiones Petri.* Ce sont donc des tâtonnements sans fin, et l'on se demande avec angoisse à chaque publication nouvelle si son auteur ne la réfutera pas au jour prochain.

(1) Fitting, *Ueber die sogenannte Turiner Institutionenglosse und den sogenannten Brachylogus* (Halle, 1870).

(2) Fitting, *Ueber die Heimat und das Alter des sogenannten Brachylogus* (Berlin et Leipzig, 1880).

CHAPITRE II.

LES THÉORIES NOUVELLES.

J'ai pensé qu'il était de l'intérêt de la science de ramener à leurs vraies proportions les découvertes qui ont été faites depuis Savigny, de dégager ce qui est document de ce qui n'est que simple hypothèse, de prouver surtout que les manuscrits sont loin d'être explorés, que la critique n'en est pas faite pour les ouvrages mêmes qui ont le plus exercé la sagacité des novateurs, que ceux-ci, en un mot, ont eu l'impatience de moissonner avant d'avoir défriché le sol.

Voyons d'abord par quelle pente insensible on glissa dans l'esprit de système.

La première tendance qui se fit jour fut de rattacher à l'antiquité, de séparer des glossateurs par un long intervalle, soit les écrits que Savigny datait de la fin du XIe ou du commencement du XIIe siècle, soit les textes dont il avait ignoré l'existence. Le seul fait que ces documents avaient traversé le premier moyen âge et avaient été transmis aux glossateurs pour être utilisés par eux comme ils l'avaient été précédemment par d'autres, ce seul fait devait prouver la persistance de la science juridique.

Le fil ainsi renoué était bien tenu et bien faible. On le sentit : on s'efforça de trouver des produits directs d'une activité scientifique propre aux précurseurs d'Irnerius, de relever tout le long de la route qui conduit du milieu du VIe siècle à la fin du XIe des jalons savamment échelonnés.

On considéra comme tels une série d'écrits dont la date oscillait entre le VIe et le XIIe siècle, on exalta leur valeur, on les espaça habilement, et l'on se demanda alors s'il n'était pas naturel que ces écrits eussent servi à l'enseignement du droit. Certains d'entre eux n'en portaient-ils pas la trace? N'y restait-il pas l'empreinte que le passage du maître ou de l'élève y avait laissée? Mais l'enseignement suppose des écoles. Les écoles de droit ont donc subsisté sans interruption du VIe au XIe siècle, non seulement en Italie mais en France.

Cette théorie, à mesure qu'elle se déroulait, devait provoquer et a provoqué, en effet, la résistance des hommes versés dans la connaissance et dans la critique des sources. La vraisemblance y tenait trop souvent lieu de preuve pour qu'un historien comme M. Mommsen pût garder le silence(1). Pourtant, un seul auteur, M. Max Conrat, l'a attaquée dans son en-

(1) Mommsen, *Ueber Fittings Ausgabe Juristischer Schriften des früheren Mittelalters* (dans *Zeitschrift für Rechtsgeschichte*, t. XIII (1878), p. 196 et suiv.). — Voyez aussi les réserves très judicieuses de M. Ernest Landsberg dans *Zeitschrift für Savigny-Stiftung*, t. IX (Rom. Abth.), 1888, p. 409-410.

semble[1]. Sa critique, malheureusement, est confuse, déparée par de singuliers arguments qui donnent une prise facile à la riposte, noyée dans une distinction décevante entre un premier et un second moyen âge (*früheres Mittelalter, späteres Mittelalter*) dont les limites flottent incertaines et arbitraires.

J'ai marqué les phases principales par lesquelles passa la théorie nouvelle avant de se présenter sous l'aspect imposant qu'elle revêt aujourd'hui. De chacune elle a retenu ce qui pouvait lui donner corps, consistance et forme : *la transmission de textes anciens, la production d'écrits intermédiaires, la continuité de l'enseignement du droit.* Son principe vital n'a pas varié, c'est l'idée évolutionniste qui unit et anime les éléments juxtaposés. J'en dirai quelques mots d'abord et je reprendrai ensuite une à une, les diverses thèses que je viens d'énumérer.

(1) Max Conrat (Cohn), *Studien zur Geschichte des Romischen Rechts im Mittelalter,* en tête de *Die Epitome Exactis regibus* (Berlin, 1884).

CHAPITRE III.

L'IDÉE ÉVOLUTIONNISTE.

Il serait oiseux de s'attarder ici à des considérations philosophiques. Les lois en histoire, — moins que dans toute autre science peut-être, — ne se démontrent *à priori*. Or, la loi de la continuité, de la formation graduelle et sans soubresauts, de l'évolution historique, comme on l'appelle, est-elle vérifiée par les faits?

Autre chose est la méthode d'investigation, autre chose la constatation d'une loi de l'histoire. La première a certainement bénéficié de l'effort louable fait de nos jours pour pénétrer jusqu'aux causes profondes, multiples, des événements et des institutions : mais ces recherches elles-mêmes échappent encore à toute généralisation, à toute synthèse. Ce qu'on a pris jusqu'à présent comme une preuve n'est au fond qu'un préjugé favorable, résultant de la diffusion des idées démocratiques et de la transposition dans le domaine de l'histoire d'un système philosophique sur l'origine des êtres, du transformisme en un mot.

Le mirage est séduisant; ce n'est pourtant qu'un

mirage. Certes l'intervention des masses populaires devient prépondérante aujourd'hui au sein des États, mais en est-on autorisé à révoquer en doute l'influence décisive d'une individualité puissante sur les destinées des peuples, d'une intelligence d'élite sur le travail de la pensée commune? A supposer aussi que l'hypothèse du transformisme se vérifie jamais, que l'individu, tout au moins, puisse être considéré comme la résultante intellectuelle d'une longue génération d'ancêtres, de quel droit appliquera-t-on cette conception à l'histoire de l'esprit humain, de quel droit affirmer que les idées ont leur vie distincte, indépendante en quelque sorte de l'homme, qu'elles sont soumises, pour leur propre compte, à une loi d'évolution?

Rien ne s'improvise, sans doute, et l'on peut même reprocher à notre époque d'être aussi illogique en fait, dans sa fièvre de production originale, qu'elle veut être logique en théorie. Pour m'en tenir à l'objet spécial que j'ai en vue, il est certain qu'une culture générale, — la transmission notamment de la langue latine, — et aussi l'existence de travaux élémentaires étaient nécessaires à ceux qui voulaient faire revivre la science éteinte du droit romain. Mais ces travaux élémentaires n'étaient-ils pas fournis par cette science elle-même avant sa chute? Les Institutes de Justinien — sans parler des commentaires byzantins — n'étaient-elles pas, à elles seules déjà, un instrument de travail excellent, et le corps de droit n'était-il pas destiné précisément dans la pensée de son auteur, à mettre la jurisprudence, dans son ensemble, à la portée de tous? Ne suffisait-il pas dès lors de la poussée des circonstances, jointe à la valeur des hommes, pour renouer la chaîne de la science rompue dans le passé? non pas subitement, sans doute, ni par un coup de baguette magique, mais après une période d'essais et de tâtonnements dont nous aurons à déterminer la durée, et qui ne semble pas s'étendre sur un espace inférieur à cinquante ans.

DEUXIÈME PARTIE.

LA TRANSMISSION DE TEXTES ANCIENS.

Il existe dans divers manuscrits du XIIe et du XIIIe siècle soit des fragments de commentaires ou d'abrégés, soit des extraits du Digeste, du Code ou de Julien, soit enfin des réunions de règles de droit ou de définitions. M. Fitting a publié en 1876 une partie de ces documents d'après les MSS. suivants : 1° un MS. appartenant à Haenel (fin du XIIe ou commencement du XIIIe siècle); 2° un MS. de la Bibliothèque métropolitaine de Prague (milieu du XIIe siècle); 3° un MS. de Bamberg (milieu du XIIe siècle); 4° une copie faite par Schrader d'un MS. de la Bibliothèque universitaire de Turin (XIIe-XIIIe siècle).

Tous ces textes n'étaient pas inédits. Un certain nombre d'entre eux avaient été publiés comme appendices aux *Exceptiones Petri* dans l'édition princeps de cet ouvrage parue à Strasbourg en l'an 1500 (1).

(1) Exceptiones legum Romanorum cum tractatu actionum earumque longinquitate Argentor. Joh. Schott, 1500, in-4° (Hain, n° 6759).

Stintzing s'en était occupé et n'avait pas hésité à les faire remonter à l'époque de Justinien (1). M. Fitting entra dans la même voie. Le champ des hypothèses était, en effet, largement ouvert, puisqu'on pouvait hésiter entre le VIe siècle et le XIIe.

En règle, et sans vouloir m'engager dans le détail de la controverse, je crois qu'on a fait fausse route en appliquant ici des procédés de critique qui ne conviennent qu'à des textes de loi ou à des écrits de jurisconsultes classiques. Est-ce vraiment un point de repère solide, la circonstance que ces écrits ne citent pas ou contredisent telle constitution, telle novelle, ou qu'ils avancent des théories contraires à nos textes connus? Cela prouve, dit-on, leur antiquité plus grande. Je réponds que cela peut prouver surtout l'ignorance de leurs auteurs.

Quoi qu'il en soit, de deux choses l'une : ou bien ces documents sont contemporains ou voisins de l'époque de Justinien ou ils ne datent que du XIIe siècle, tout au plus de la seconde moitié du XIe. On n'a pas essayé, en effet, de soutenir sérieusement et l'on n'avait pour le faire le moindre indice, qu'ils appartiennent à l'époque intermédiaire qui s'étend du VIe au XIe siècle. La dernière alternative est-elle la vraie, c'en est fait de la continuité scientifique qu'ils doivent prouver. Ils appartiennent à la renaissance de la science du droit qui a commencé en Italie vers la fin

(1) Stintzing, *Geschichte der popularen Literatur des romisch-kanonischen Rechts* (Leipzig, 1867), p. 95 et suiv.

du XIe siècle. Dans le premier cas il suffit de se demander en quoi leur transmission prouve la continuité de la science?

Pour mettre ce double point de vue en lumière, je m'arrêterai un instant à chacun de ces documents.

CHAPITRE PREMIER.

TRAITÉS DIVERS DE DROIT.

---

1. *Abrégé de droit* (*Compendium juris*).

M. Fitting a publié cet écrit d'après le MS. Haenel [1]. Il le considère comme une compilation formée de quatre morceaux qui doivent être reconstitués ainsi [2] :

Les nos	1	(§§ 1-30)	I.
	3	(§§ 53-58)	
	4	(§§ 59-64)	
Les nos	2	(§§ 31-52)	II.
	5	(§§ 65-72)	
	7	(§§ 81-104)	
Le n°	8	(§§ 105-113)	III.
Le n°	6	(§§ 73-80)	IV.

La date du n° II — sorte de catéchisme juridique par questions et réponses — se place, nous dit-on, en-

(1) *Juristische Schriften*, p. 134-145.
(2) *Ibidem*, p. 43 et suiv.

tre 534 et 554. Le n° I paraît encore plus ancien. Le n° III fait connaître l'organisation judiciaire sous les empereurs romains et il remonte à ces temps reculés. Le n° IV seul se rapproche de l'époque des glossateurs. La compilation en soi est fruste et dénuée de toute valeur intrinsèque, mais son importance historique, conclut M. Fitting, ne saurait être prisée trop haut, car cette réunion de fragments antiques et d'un fragment plus moderne, antérieur de peu aux glossateurs, démontre l'existence d'une chaîne ininterrompue reliant à travers le moyen âge les jurisconsultes de Rome et de Byzance aux professeurs de Bologne.

M. Fitting ne se laisse-t-il pas emporter par son imagination? Les trois premiers fragments sont-ils vraiment de l'époque romaine, antérieurs à l'an 554? Déjà, dans son dernier ouvrage (1), M. Fitting n'ose plus le soutenir que pour l'un d'eux, le n° II. Quant aux autres il se contente de dire qu'ils sont, « *la plupart, d'une origine beaucoup plus récente* ». Mais cette date « beaucoup plus récente » ne serait-elle pas précisément l'époque des glossateurs et la compilation tout entière ne rentrerait-elle pas dans cette époque? Rien en effet ne prouve le contraire, et tout sollicite à le penser : le style, l'ignorance historique, les théories. Supposez néanmoins que tous les fragments plus modernes puissent être placés, comme M. Fitting l'a prétendu dès le principe pour le n° IV. à une faible dis-

(1) *Die Anfange der Rechtsschule von Bologna*, p. 55, trad. fr., p. 54.

tance en avant des glossateurs, au XIe siècle, que leur réunion elle-même fût de quelques années antérieure à Irnerius, que resterait-il en somme? Une compilation, sans valeur propre, faite au début de la renaissance des études juridiques, dans laquelle à côté d'écrits contemporains le compilateur aurait fait entrer un ou plusieurs fragments antiques parvenus jusqu'à lui. Et c'est là ce qui devrait prouver la continuité de la *science juridique?*

II. *De justitia* (1).

Il est superflu de s'attarder à ce fragment qui a tout le caractère d'un prologue écrit sous une inspiration religieuse. Ni l'âge du MS. qui le renferme (MS. Haenel) ni l'état du texte ne nous reportent au-delà du XIIe siècle. Il n'y a pas la moindre apparence qu'il soit plus ancien. M. Fitting se contente de dire qu'il le croit *prébolonais* (2). C'est une assertion dénuée de toute preuve.

(1) Publié par Fitting, *Jurist. Schriften*, p. 131-133.
(2) Fitting, *op. cit.*, p. 108.

CHAPITRE II.

TRAITÉS SUR LES ACTIONS.

Parmi les opuscules que la nouvelle école range dans la catégorie des écrits juridiques du premier moyen âge nous touvons deux traités sur les actions. L'un est intitulé *De natura actionum* l'autre *De actionum varietate*. Un troisième écrit porte lui aussi la rubrique : *De actionibus*, mais on s'accorde à le considérer comme un fragment de commentaire des Institutes. Je m'occuperai donc d'abord des deux premiers.

I. Traité *De natura actionum*.

Ce traité se rencontre, sous deux formes un peu différentes, dans le MS. Haenel et dans le MS. de Bamberg. Il est conservé aussi dans un MS. du Vatican (Cod. lat. Vat. 8782). C'est d'après le premier de ces MSS. que M. Fitting l'a publié (1). Le titre *De natura actionum* n'est pas dans les MSS. L'éditeur le lui a donné en se fondant sur le début du MS. Haenel : « Quoniam eorum desideriis quibus difficile videtur

(2) *Juristische Schriften*, p. 117-127.

naturam accionum in romane legis codicibus difusarum agnoscere. » Le MS. de Bamberg a pour rubrique : « *Quedam utilia sunt ut ista de actionibus.* »

M. Fitting se demanda, au moment de publier le traité baptisé par lui *De natura actionum*, s'il ne serait pas l'œuvre d'Irnerius (Guarnerius). En effet une glose sur l'*arbor actionum* de Jean Bassianus, signalée par Savigny (1) porte : « Primo tractavit de natura actionum G. Postea Henri 9. Postea P. Quarto dilucide Jo. ». Il se décida pourtant à écarter cette hypothèse par le motif que l'écrit ne lui sembla pas dans la manière des glossateurs et qu'il crut y voir au contraire les marques d'une haute antiquité. Il le reporta par suite en arrière jusqu'à l'époque justinienne ou même préjustinienne.

Nous aurions donc, ici encore, un écrit de l'antiquité conservé à travers le moyen âge et utilisé plus tard par les glossateurs, par Placentin notamment.

Telle était jadis l'opinion de M. Fitting : ce n'est plus son opinion d'aujourd'hui. Dans une des gloses sur les Institutes publiées récemment par M. Conrat, d'après un MS. de la fin du XIe ou du commencement du XIIe siècle (2), il est fait mention d'un certain Geminianus en ces termes : « Dicente Geminiano : quando mandatum certis finibus concluditur, tunc nullus mandati fines excedere debet ». L'apparition

(1) Savigny, *Geschichte des Romischen Rechts im Mittelalter*, IV, p. 64.

(2) *Archivio giuridico*, t. XXXIV, p. 105 et suiv

de ce nom jusqu'alors ignoré suggère à M. Fitting une explication inattendue du sigle G de la glose sur Bassianus. Ce n'est pas Irnerius, c'est Geminianus que le sigle désigne, et, ajoute-t-il, ce Geminianus devait être un jurisconsulte du XIᵉ siècle!

Je n'ai pas à demander comment M. Fitting concilie son opinion nouvelle avec tous les arguments qu'il avait fait valoir précédemment en faveur de l'antiquité de ce traité, c'est affaire à lui. Mais n'est-ce pas aller bien vite en besogne et se réserver bien des contradictions nouvelles, bien des mécomptes, dans l'avenir que d'attribuer ainsi à un jurisconsulte dont on voit surgir pour la première fois le nom dans une glose du XIIᵉ siècle, peut être du XIIIᵉ (car la glose qui nous occupe est de beaucoup postérieure à l'âge du MS.) (1), un traité dont on cherche l'auteur, et cela pour l'unique raison que la lettre initiale de son nom est la même qu'un sigle figurant dans une autre glose sans rapport avec la première? Si demain on découvre d'autres glossateurs — et il y en a certainement encore d'ignorés parmi les plus anciens — dont le nom commence par la même lettre, leur attribuera-t-on à eux aussi la paternité de notre écrit?

Pourquoi Geminianus plutôt que Guarnerius? Parce que celui-ci est connu, parce qu'il est le rénovateur principal de la science du droit au XIᵉ siècle, tandis que l'autre est un être mystérieux qu'on peut placer

(1) M. Conrat dit, en effet : « Questa glossa appartiene a quelle chiaramente aggiunte da mano posteriore » (*loc. cit.*, p. 125).

à volonté plus avant dans ce siècle et présenter ainsi comme un précurseur des glossateurs. Que ne le place-t-on plus avant encore? que ne le met-on au xe siècle, par exemple? Je sais bien ce qui arrête. C'est que la glose sur Bassianus n'est pas aussi élastique qu'on le pourrait désirer; c'est qu'elle suppose un personnage assez rapproché d'Henri et de Placentin. Mais je le demande de nouveau alors, pourquoi ce personnage ne serait-il pas Guarnerius? N'est-il pas certain que tel est le nom qu'Irnerius porte dans les chartes du XIIe siècle, dans les écrits des glossateurs, et que le sigle G sert souvent à le désigner [1]? D'autre part a-t-on assez étudié Irnerius et l'époque antérieure pour pouvoir dire exactement ce qu'est la *manière* des glossateurs et ce qu'est celle de leurs prédécesseurs immédiats, pour pouvoir distinguer ce qui est *bolonais* de ce qui est *prébolonais?*

Remarquez enfin combien il est invraisemblable qu'un jurisconsulte assez célèbre pour figurer encore au XIIIe siècle (car la glose sur Bassianus doit être de cette époque) en tête d'une liste, d'une série, où viennent ensuite Henri, Placentin et Jean, n'ait pas laissé d'autre trace qu'une simple mention dans une

(1) Savigny l'avait déjà établi (*Geschichte des Römischen Rechts im Mittelalter*, IV, p. 31 et suiv.). Un professeur de Greifswald, M. Pescatore, vient de compléter sa démonstration. Il déclare qu'à ses yeux le sigle G est une marque certaine (*ein sicheres Zeichen*) des gloses d'Irnerius (Pescatore, *Die Glossen des Irnerius*, Greifswald, 1888, p. 39, p. 112).

glose aussi médiocre et aussi récente que celle du MS. de Cologne, une mention qui, nous le verrons à propos du traité *De actionibus,* donne une pauvre idée de sa science!

A quoi bon insister? La théorie de la *continuité de la science* n'a pas plus à gagner à la seconde hypothèse de M. Fitting qu'à la première. Si le traité est antique, toute la *science* des intermédiaires qui l'ont transmis aux glossateurs a consisté à le corrompre. S'il était, par hasard, l'œuvre d'un Geminianus quelconque du XIe siècle, il rentrerait de nouveau dans la période de renaissance qui a précédé immédiatement Irnerius et qui aurait été alors plus vivace que ne la représentent les documents connus.

Hypothèse sur hypothèse, la seconde plus invraisemblable que la première, mais probantes ni l'une ni l'autre dans le sens où on les invoque, même si elles étaient démontrées. Pour se prévaloir du traité *De natura actionum,* il faudrait prouver qu'il se place entre la fin du VIe et le commencement du XIe siècle : on ne le prouve pas même *par hypothèse!*

II. Traité *De actionum varietate.*

L'attention a été appelée sur cet écrit par Stintzing, à raison des formules dont il est accompagné dans l'édition princeps de Petrus, où il constitue l'un des appendices des *Exceptiones.* Stintzing a prétendu que ces formules sont du temps de Justinien; qu'elles tombent dans l'intervalle des années 5?8 à 554 (1). Suivant M. Fitting, elles seraient de la fin du xe siècle (2). M. Jaffé fait descendre leur date au moins jusqu'aux environs du xiie (3). M. Mommsen affirme qu'elles ne sauraient être antérieures au xiie siècle (4). Cette controverse est étrangère à la question que j'agite. Nul ne prétendra, en effet, que nous ayons affaire ici à une œuvre scientifique (5). S'il était même vrai — pure conjecture — que ces formules fussent artificielles, fictives, c'est-à-dire destinées à l'enseignement, la nature de cet enseignement le ferait rentrer dans la sphère de la pratique traditionnelle mise en lumière par Savigny.

Mais qu'en est-il du traité lui-même *De actionum varietate?* Stintzing lui assignait une aussi grande antiquité qu'aux formules, tout en ne dissimulant pas l'objection qui se pouvait tirer de l'emploi d'un mode d'allégation des textes considéré comme spécial

(1) *Zeitschrift für Rechtsgeschichte*, t. V (1866), p. 321 et suiv., même *Revue*, t. VI, p. 268 et suiv., et *Geschichte der Popularen Literatur*, p. 114 et suiv.

(2) *Juristische Schriften*, p. 85.

(3) *Zeitschrift für Rechtsgeschichte*, t. VI, p. 90.

(4) Même *Revue*, t. VI, p. 82 et suiv.

(5) Voyez ces formules dans *Juristische Schriften*, p. 170-171. M. Conrat les a publiées à nouveau (*Epitome exactis*, p. cxxi), d'après le MS. 4422 (xiiie siècle) de la Bibliothèque nationale où elles figurent (f° 33 v°, 34 r°) à la suite des Institutes et au milieu des *Miscellanea* juridiques que l'on trouvera plus loin dans l'appendice.

aux glossateurs. Cette objection s'est évanouie par l'édition nouvelle que M. Fitting a donnée.

Le traité s'y présente sous trois formes : celle qui était connue déjà et qui est publiée ici d'après le MS. de Prague (1), puis deux autres, l'une plus ancienne conservée par le MS. Haenel (2), l'autre plus moderne fournie par le MS. de Bamberg (3). Or le texte du MS. Haenel ne contient pas les citations qui embarrassaient Stintzing. — M. Caillemer a signalé depuis l'existence d'un texte semblable dans un MS. du xiie ou xiiie siècle appartenant à M. Bellin, magistrat à Lyon (4). On semble avoir oublié un fragment dont le début concorde et qui est précédé d'un préambule. Il se trouve dans un MS. de Cambridge (Bibl. Colleg. Caio-Gonvillensis (870) 600), et a été reproduit en 1823 par Hach dans la *Zeitschrift für geschichtliche Rechtswissenschaft* (5).

M. Fitting prétend que la forme primitive est antérieure aux glossateurs et que les deux autres versions sont des remaniements faits par eux. Mais à quelle

(1) *Juristische Schriften*, p. 165-170.

(2) *Juristische Schriften*, p. 128-131.

(3) *Ibidem*, p. 174-180.

(4) *Le droit civil dans les provinces anglo-normandes*, p. 20-21.

(5) *Zeitschrift für gesch. Rechtswissenschaft*, t. V, p. 202-203. — Le traité, précédé du même préambule, se trouvait également dans un MS. de la Bibliothèque du séminaire protestant de Strasbourg, brûlée pendant le bombardement de 1870. Voyez Schrader, *Prodromus Corporis juris civilis*. Berlin, 1823, p. 51 et 321. — Voici le préambule du MS. de Cambridge : « Multæ diversitates actio-

époque appartient la forme primitive? Est-ce au VIe siècle, comme le veut M. Stintzing? Le nouvel éditeur ne s'en explique pas. La marge est donc grande, trop grande pour que la critique scientifique s'en puisse contenter. Elle le peut d'autant moins que les motifs allégués en faveur d'une origine *prébolonaise* sont bien faibles : absence d'allégation de textes, usage du mot *legis capitula* pour désigner les lois romaines, emploi des novelles de Julien.

Tous ces motifs — si le texte n'est pas antique — conduiraient tout au plus à le placer aux débuts de l'école des glossateurs. Aussi, dans son dernier écrit, M. Fitting se contente-t-il d'alléguer qu'il doit être du XIe siècle, par la raison nouvelle et unique que la glose des Institutes de Cologne lui aurait fait un emprunt (1). L'argument n'aurait de portée qu'à la condition d'établir, au préalable, que cette glose est antérieure aux glossateurs. Loin qu'on le puisse faire, c'est l'inverse qui paraît le vrai (2).

num in legib(us) sunt constitutæ quæ lectoris animum sui multiplicitate fatigare noscuntur. Nam earum copia diversa est et diversitas copiosa, ut lectoris ingenium eas facile non valeat capere vel intelligere, et si intellexerit, vix tamen possit in corde memoria retinere. Quapropter, ut difficultas a nobis procul recedat, earum diversitas et quanto tempore uniuscujusque vita extendatur, prout possumus, præsenti opusculo colligere studuimus, ut quod per plures libros et multa capitula legum expressum est, hic collectum et adunatum valeat inveniri. Sciendum itaque est... »

(1) *École de Bologne*, éd. fr. et éd. allem., p. 65.

(2) Voyez *infrà*, p. 69-70.

En résumé, nous nous retrouvons en présence du même dilemme. Ou le texte est de l'époque justinienne, comme le soutient Stintzing : en quoi alors sa transmission matérielle aux glossateurs qui l'ont remanié prouve-t-elle une continuité scientifique? Ou bien il est une production des premiers glossateurs, tout au plus de leurs précurseurs immédiats. L'intervalle qui sépare le VIe siècle du XIe reste toujours béant.

CHAPITRE III.

COMMENTAIRES SUR LES INSTITUTES.

I. Traité intitulé : *De actionibus.* — *Fragment de Bamberg.*

En tête du premier appendice des *Petri exceptiones* publiées par Schott en 1500, figure un *tractatus actionum*. Le même écrit se retrouve à la suite de Petrus, sous la rubrique *De actionibus* dans le MS. de Prague, et sauf quelques changements, il forme les chapitres 38 à 49 du soi-disant cinquième livre de Petrus dans le MS. de Turin. C'est d'après le premier de ces MSS. que M. Fitting l'a réédité [1].

Le traité n'est pas ce que le titre annonce. Stintzing [2] a émis l'hypothèse ingénieuse que les chapitres 1, 4 à 13 sont des fragments d'un commentaire des Institutes, entre lesquels se sont glissés accidentellement les textes qui forment les chapitres 2-3. Rien de plus naturel, dit-il, que cette intercalation.

(1) *Juristische Schriften*, p. 151-157.
(2) Stintzing, *Geschichte der Populären Litteratur*, p. 96 et suiv.

Le chapitre 1 commente le dernier titre du livre III des Institutes, le chapitre 4 le premier titre du livre suivant; entre les deux livres il a donc pu exister dans le MS. primitif un blanc qui fut rempli par des textes qu'un copiste ultérieur a confondus avec le corps du commentaire.

Suivant M. Fitting (1) le texte se composerait de fragments de trois ouvrages différents :

1° Chap. 1, fragment soit d'un commentaire des Institutes soit d'un traité sur les actions.

2° Chap. 2-3, fragment d'une compilation de textes.

3° Chap. 4-13, fragment d'un commentaire sur les Institutes. Un autre fragment de ce même commentaire serait, pense-t-il, l'écrit qu'il a extrait du MS. de Bamberg et publié sous le titre de *Fragmentum Bambergense* (2).

Récemment il a cru découvrir l'auteur de l'ouvrage auquel le 2e fragment (chap. 2-3) serait emprunté (3). Ce ne serait autre que le *Geminianus* dont nous avons parlé plus haut (4). En effet, dit M. Fitting, la glose des Institutes de Cologne attribue à ce Geminianus une solution qui se retrouve dans le chapitre 3.

Mais s'agit-il vraiment ici d'un ouvrage spécial et non pas simplement de règles de droit, de *Regulæ collectæ*, comme celles qui se trouvent dans le MS.

(1) *Juristische Schriften*, p. 68-75.
(2) *Juristische Schriften*, p. 172-173.
(3) *École de Bologne*, p. 66.
(4) *Suprà*, p. 24 et suiv.

latin 4709 de la Bibliothèque nationale, à la suite des *Exceptiones Petri,* dans les MSS. Barrois 336 et 285, dans le MS. de Cambridge que j'étudie plus loin, dans le MS. latin 4422 Bibl. nat. et dans une foule d'autres MSS? règles extraites par divers jurisconsultes des lois romaines soit textuellement, soit sous une forme stéréotype, et sous cette forme ayant circulé de main en main comme monnaie courante.

Il est fort vraisemblable aussi que les chapitres 2 et 3 ne sont nullement une intercalation fortuite comme le pensait Stintzing, ni un morceau soudé à deux autres fragments de sources différentes, comme M. Fitting l'admet. Remarquez, en effet, que toutes les règles de droit qu'il renferme sont tirées précisément du livre III des Institutes dont le chapitre 1er de notre écrit clôt le commentaire. Ces règles, complétées au besoin par quelques explications ou du commentateur lui-même, ou de tout autre jurisconsulte, pouvaient être placées à la suite du livre correspondant pour servir de *memento* ou de résumé à l'enseignement ou à la pratique.

On voit que la solution attribuée à Geminianus par la glose de Cologne aurait pu être insérée parmi ces règles de droit sans qu'il s'en suivît que le surplus de ces règles ou que la compilation elle-même fussent de de lui.

Il me semble aussi qu'on a fort exagéré la coïncidence que l'on invoque. Si un Geminianus quelconque a dit ce que la glose de Cologne met à son compte, il n'a certes pas fait une merveilleuse trouvaille. Cent autres avant, après, ou à côté de lui, pouvaient la faire ou la refaire. Qu'on en juge.

Les Institutes portent : « *Is qui exequitur mandatum, non debet excedere fines mandati* (1). » Le chapitre 3 reproduit cette règle et ajoute : « *in mandato certos habente fines.* » Et il fallait pour trouver cette redondance oiseuse que Geminianus fût venu et eût dit, suivant la glose de Cologne : « *Quando mandatum certis finibus concluditur, tunc nullus mandati fines excedere debet !* »

Qu'on nous dise donc plutôt quelle est la date des divers fragments dont se compose le traité qui nous occupe. Serions-nous plus avancés de savoir que Geminianus est l'auteur de l'un d'eux, quand nous ignorons ce qu'est ce personnage, s'il n'est pas tout simplement un obscur professeur du XIIe ou du XIIIe siècle? Or, ni pour le chapitre 1 ni pour les chapitres 2 et 3, M. Fitting ne peut préciser une date. Quant au surplus du traité (chapitres 4-13), il s'exprimait ainsi dans ses *Ecrits juridiques :* « On paraît pleinement autorisé à ne pas considérer le commentaire (auquel ces chapitres sont empruntés) comme plus jeune que le milieu du XIe siècle. La *vraisemblance* militerait même en faveur d'une antiquité notablement plus grande (2). »

(1) Institutes, III, 26, § 8.

(2) « Die Wahrscheinlichkeit dürfte sogar für ein erheblich höheres Alter streiten » (*Juristische Schriften*, p. 73).

Une fois encore, nous voici oscillant entre le VIe et le XIe siècle, avec une tendance marquée à être attirés dans l'orbite des glossateurs, à rentrer dans la renaissance juridique du XIe siècle. M. Fitting constate, en effet, les rapports étroits qui existent entre ce commentaire et les ouvrages des jurisconsultes de Bologne.

Mais il y a mieux. Nous prenons ici sur le fait l'illusion qui entraîne, l'enthousiasme qui égare les théoriciens de la nouvelle école. Pour M. Fitting les chapitres 4-13 sont un pur chef-d'œuvre. Il proclame que l'écrit est excellent, dénote une grande science, brille par une grande clarté d'exposition, qu'il révèle l'existence de sectes vivaces de jurisconsultes; qu'il est autrement remarquable que l'*Expositio* au *Liber Papiensis*, oui bien plus remarquable que les écrits des glossateurs eux-mêmes (1); et il conclut de tout ce dithyrambe à la continuité de l'étude scientifique du droit romain du VIe au XIe siècle! Comment n'a-t-il pas vu que si son admiration est fondée, il faut placer le texte soit au VIe siècle, soit au XIIe à l'époque des docteurs, que le milieu du XIe siècle même doit être écarté. Sans quoi on arrive à cet étonnant résultat

(1) « La science prébolonaise du « commentaire » n'a, dit-il, nul parallèle à redouter avec les écrits des glossateurs. *Au contraire*, un examen impartial ne peut que laisser l'impression que l'exposition est dans le commentaire plus élégante, plus claire, plus approfondie même, que dans ces écrits » « *Geschmackvoller, klarer, und sogar gründlicher* » (*Juristische Schriften*, p. 75).

que l'école des glossateurs, au lieu d'avoir été un progrès, une renaissance, a été une décadence, un recul!

Quelles sont aussi les raisons que l'on invoque en faveur d'une origine *prébolonaise?* Le mode de citation, les emprunts qui auraient été faits à notre traité par les *Exceptiones Petri,* enfin la présence de termes et de décisions que l'on ne rencontre pas chez les glossateurs. Tous ces arguments se réduisent, en définitive, à un seul, car et le mode de citation (criterium, du reste, bien fragile) et les termes prétendus insolites (il n'y en a, à vrai dire, qu'un seul : « *caput* » dans le sens de principal) et les solutions que l'on prétend étrangères aux glossateurs se trouvent dans les *Exceptiones,* de sorte que l'argumentation tout entière revient à dire que le commentaire est prébolonais *parce qu'il est antérieur à Petrus.* Et c'est, en effet, ce que M. Fitting finit par dire dans l'*École de Bologne :* « On peut également citer, dit-il, comme étant *très vraisemblablement* d'un âge plus reculé que les *Exceptiones Legum Romanorum,* un commentaire des Institutes... (1) ».

La question est déplacée, elle n'est pas résolue. Qu'y a-t-il, en effet, de plus obscur que l'âge des *Exceptiones?* En outre, et surtout, de quel droit affirmerait-on — M. Fitting lui-même ne l'ose plus — que les deux écrits n'ont pas puisé à des sources communes ou que Petrus n'a pas été, lui-même, la source

(1) *École de Bologne*, éd. fr. et allem., p. 63.

de notre Commentaire? mais s'il en est ainsi, que subsiste-il du point de repère qui devait servir à fixer la date?

En résumé, tout ce qui pourrait différencier des glossateurs se retrouve dans Petrus, et d'autre part de nombreuses analogies existent entre leurs écrits et le nôtre. Tout porte donc à croire que nous avons devant nous une production de l'époque des glossateurs dans laquelle on a utilisé Petrus ou ses sources. Et cela ne saurait surprendre quand on songe au rôle que Petrus (soit dans son entier, soit dans ses parties constitutives) a joué au XIIe et au XIIIe siècle : glosé, comme je le montrerai, au XIIe siècle, transcrit à la même époque à la suite du Commentaire *de Regulis juris* de Bulgare (MS. latin 4709), inséré dans des compilations comme les collections de Prague et de Gratz, enfin placé encore au XIIIe siècle (MS. de Cambridge) au milieu d'écrits de l'école des glossateurs.

II. *Fragment de Prague.*

C'est toujours le même MS. de Prague (XIIe-XIIIe siècle) qui a fourni ce document[1]. M. Fitting le considère comme une compilation faite de trois morceaux :

1° Un fragment du prologue d'un Commentaire des Institutes (n° 1);

(1) Publié dans *Juristische Schriften*, p. 206-216.

2° Des extraits du Digeste, livre I, tit. 2 et 3 (n° 2);

3° Un prologue et le fragment d'un commentaire du proœmium des Institutes (n°s 3-4).

Il ignore quand la compilation, — dépourvue, dit-il, de toute valeur propre, — a été formée, mais il affirme que les extraits du Digeste (n° 2) ont été transcrits et réunis à l'époque justinienne, et il est disposé à rapporter à la même époque les deux autres morceaux (1).

Il nous suffit ici de prendre acte que ni la compilation ni les pièces dont elle se compose ne peuvent servir à combler l'intervalle entre le VIe et le XIe siècle; la compilation parce qu'elle est purement matérielle, sans le moindre mérite scientifique, les pièces puisqu'on les fait remonter précisément au VIe siècle.

III. *Fragment Haenel* (2).

Écrit de même nature que les n°s 3-4 du précédent — prologue et commentaire du proœmium des Institutes — mais suivant l'éditeur, de date plus récente. M. Fitting l'estime, en effet, postérieur aux Fausses Décrétales (3). Ses motifs sont très contestables en soi. Passons outre. Voici alors quel est son raisonnement. Cet opuscule, d'une part, se rattache aux méthodes en usage à l'époque de Justinien, d'autre part, il pré-

(1) *Juristische Schriften*, p. 88 et suiv.
(2) Publié dans *Juristische Schriften*, p. 145-150.
(3) *Juristische Schriften*, p. 97 et suiv.

sente des rapports très étroits avec les glossateurs. Il doit donc être de l'époque intermédiaire. Sa date doit tomber entre le milieu du IXe siècle et la fin du XIe.

Cette argumentation — si peu rigoureuse qu'elle soit — pourrait avoir quelque prix si les points d'attache à l'époque justinienne étaient spéciaux à notre fragment. Mais, tout au contraire, M. Fitting lui-même démontre déjà et il est aisé de prouver plus complètement encore qu'ils lui sont communs avec les écrits des glossateurs ; de sorte qu'un raisonnement identique pourrait servir, si l'on ne connaissait leur date, à vieillir ces écrits, à leur tour, de plusieurs siècles! Veut-on s'en convaincre?

M. Fitting remarque que la méthode d'exposition qui consiste à distinguer l'*intentio*, la *materia*, l'*utilitas*, etc., remonte au VIe siècle, et il en constate l'emploi dans le fragment de Haenel comme dans celui de Prague. Mais ne le constate-t-il pas aussi dans les écrits du XIIe et du XIIIe siècle? Aux exemples qu'il donne je pourrais en ajouter beaucoup d'autres et montrer que cette méthode était universellement répandue, non seulement au XIIe et au XIIIe mais encore au XIVe siècle. Je me borne à signaler comme documents nouveaux le prologue de l'*Epitome Exactis*, que j'ai découvert dans le MS. de Cambridge (1) et le préambule d'un traité de droit civil et canonique contenu dans un MS. du XIVe siècle (2).

(1) *Infrà*, Troisième Étude, chap. II.

(2) Bibl. nat., MS. lat. 14320, f° 151. *Summa super Decretales :*

Les allégories mystiques à l'aide desquelles le fragment Haenel explique pourquoi le Code est divisé en douze livres, les Pandectes en cinquante livres et en 7 parties, les Institutes en quatre livres, ces allégories que M. Fitting croit caractéristiques d'une haute antiquité se retrouvent, ni plus ni moins puériles, dans les écrits des glossateurs. M. Conrat l'a fort bien montré et cela me dispense d'y insister (1).

Je n'ai rien à dire de la circonstance que notre fragment contient un *prologue*. M. Fitting reconnaît que jusqu'aux glossateurs les plus récents l'usage des prologues s'est conservé.

Il en est de même de la relation historique sur la rédaction des Pandectes, du Code et des Institutes. Des relations analogues sont habituelles chez les glossateurs (2) et, du reste, elles avaient pour modèle

... « Quia utile erat studentibus in jure hujus (pontificum juris) jura sub titulis collocare ex eis compilaciones facte sunt de quibus hec est. Videamus ergo quæ sit materia hujus libri, quæ intentio quæ utilitas et quis ordo agendi et cui parti philosophiæ supponatur. Materia sunt decretales... ».

(1) Conrat. Préface de l'*Epitome exactis*, p. CXCVIII.

(2) Voyez par exemple la Somme de Roger sur le Code : « Cum multe essent partes juris civilis que confuse et per diversa volumina posite fuerant, Justinianus volens eas in unum congregare... jussit quibusdam sapientibus... ut librum imperialium Constitutionum conderent. Cujus libri materia, intentio, utilitas, finalis causa inspicienda est » (*Bibliotheca juridica medii ævi edid.* A. Gaudentius. Scripta anecdota antiq. glossatorum... curante J.-B. Palmerio. Bologne, 1888, p. 9).

Voyez aussi une glose du MS. latin 16190, Bibl. nat., Code I, et la constitution Tanta, § 1, et le passage bien connu de Paul Diacre (1) qui s'est transmis sous forme d'extrait intercalé dans les MSS. ainsi qu'on peut le constater dans le MS. 4709 où il précède Petrus (2).

On le voit, le fragment Haenel ne se rattache pas plus étroitement à l'époque de Justinien que les écrits mêmes des glossateurs, et rien n'autorise dès lors à penser qu'il en est plus voisin. Dira-t-on que cette continuité de formes et d'idées suppose des écrits juridiques intermédiaires? Nullement. Remarquez, en effet, que méthodes et conceptions dérivèrent de la philosophie et y furent en premier lieu appliquées. Elles se sont donc conservées dans les écoles des arts libéraux, et c'est là que les rénovateurs de la science du droit au XIe siècle, grammairiens et dialecticiens avant d'être jurisconsultes, y furent initiés.

tit. I. « Totius romane legis intentio est de judiciis tactare (*sic*) id est qualiter litium decisiones per judices fiant. Justiniani vero propositum est in opere suo principales constitutiones per plura volumina dispersas in unum colligere et suas cum illis anteponere (*sic*) nec ratione caret quod idem volumen in XII divisit libros. Sed quia edificandum erat templum justitie ideo fundamentum fidei præponit... ».

(1) *Hist. Langob.*, I, 25 (Monumenta Germ. SS. Rer. Langob., VI-IX, 63).

(2) MS. latin 4709, f° 15 v°. — Le texte est, à peu de différences près, conforme à celui du Décret d'Yves de Chartres, IV, cap. 171. — A la fin des *Regulæ collectæ* qui suivent Petrus dans le même MS., on trouve (f° 53 r°), la relation d'Anastase le Bibliothécaire qui forme le cap. 172 du Décret d'Yves, et la relation d'Isidore sur le Code Théodosien (Décret IV, cap. 170).

CHAPITRE IV.

VOCABULAIRES JURIDIQUES : *EXPOSITIO TERMINORUM. LIBELLUS DE VERBIS LEGALIBUS.*

Ces deux vocabulaires, qui ne sont pas disposés par ordre alphabétique, ont beaucoup de définitions communes. M. Fitting ne croit pas néanmoins que l'un ait servi de source à l'autre : il estime qu'ils ont puisé à des sources identiques. Le plus ancien serait l'*Expositio*. Elle était comprise parmi les appendices de Petrus et a été rééditée d'après le MS. de Prague (1). Le plus récent serait le *Libellus*. Il a été publié d'après le MS. de Turin (2).

L'*Expositio terminorum,* dans sa forme actuelle, est, suivant M. Fitting, du XIe ou du XIIe siècle. Il ne sait pas au juste (3); mais il croit pouvoir affirmer qu'elle existait déjà, sous cette forme ou sous une autre, au XIe siècle, car elle aurait été utilisée par le glossaire de Papias, l'*Expositio* au *Liber Papiensis* et *Petrus*. C'est le même raisonnement que nous avons déjà rencontré pour le traité *De actionibus*. Ma réponse sera la même : l'*Expositio terminorum* a pu tout aussi

(1) *Juristische Schriften*, p. 158-165.
(2) *Juristische Schriften*, p. 181-205.
(3) *École de Bologne*, éd. fr. et all., p. 62.

bien utiliser ces écrits, qu'être utilisée par eux (1).

Qu'importe, après tout, qu'elle soit du XIe siècle ou du XIIe? Comme les compilations que nous avons déjà passées en revue, celle-ci est fruste, informe, et loin de dénoter chez son auteur le moindre esprit scientifique, elle révèle une ignorance et une inexpérience rares. Quant aux définitions dont elle se compose, M. Fitting les tient pour antiques, il les fait remonter jusqu'à l'antiquité classique (2). Supposerait-il que l'auteur de la compilation les a extraites directement des écrits de l'antiquité? Mais cela est contredit par l'inintelligence dont le compilateur fait preuve et aussi, comme je vais le dire pour le *Libellus de verbis legalibus,* par tout ce que nous savons des procédés de compilation du moyen âge.

Avec le *Libellus*, en effet, c'est bien autre chose encore qu'avec l'*Expositio*. La transmission est suivie à la piste jusqu'aux temps de la République romaine. Quel résultat, pour peu que l'on y songe! Reformer la chaîne de continuité depuis le XIe siècle jusqu'avant l'ère chrétienne, montrer côte à côte des définitions de la plus pure latinité et des expressions *romanes* et démontrer par là qu'il y a un lien qui unit les écoles du Nord de la France aux jurisconsultes des premiers âges de Rome (3)! N'est-ce pas le triomphe

(1) Voyez en outre *infrà,* Troisième Étude, chap. IV.

(2) *Juristische Schriften*, p. 37-38.

(3) *Juristische Schriften*, p. 41-43. — On jugera par ce passage si j'exagère : « Le *Libellus* rapproché de l'*Expositio terminorum*

de la continuité? n'est-ce pas le triomphe aussi de la logique?

Malheureusement, ce qu'on prend pour des indices de haute antiquité pourrait bien n'être que des preuves de l'ignorance des compilateurs et des glossateurs du moyen âge. Même au XIIe et au XIIIe siècle et plus tard encore, cette ignorance fut grande sur beaucoup de points concernant l'organisation judiciaire et le droit public des Romains. Il serait facile d'en citer des exemples nombreux (1). De plus, il faut tenir compte de l'influence de la pratique. C'est elle très probablement qui a introduit dans la définition de la *stipulatio* les mots *testibus adhibitis* qui transportent en imagination M. Fitting dans la période archaïque du droit romain.

Je n'éprouve, du reste, ni le désir ni le besoin de

fournit la preuve décisive que non seulement il y a eu depuis l'époque de Justinien et à travers tout le moyen âge une suite ininterrompue de traditions d'école (*ein ununterbrochener Zusammenhang der schulmässigen Ueberlieferung*), mais que cet enchaînement remonte à des temps bien plus reculés encore... que dans les écoles de droit de Rome des traditions archaıques (*uralte Traditionen*) se sont perpétuées et mêlées à des matériaux nouveaux, puis ont été transmises en partie au moyen âge, si bien que l'on aperçoit de la manière la plus évidente le fil complètement intact (*den, nirgends abgerissenen, verknüpfenden Faden*) qui relie la science *antique* à la science moderne » (*Jurist. Schriften*, p. 43).

(1) En voici un que je tire d'une glose du Code, Bibl. nat., MS. latin 16910 (XIe-XIIe s.). C. 3, *De emendat. codicis* : v^is *Cordi nobis est, Patres conscripti.* Glose : « Senatorum omnium singulorum nomina Romulus rex primus *in diademate capitis sui conscripta portavit.* Inde dicti sunt conscripti senatores ! »

m'engager plus avant dans cet examen. M. Fitting veut que nous trouvions réunis dans une compilation de la première moitié du XIIe siècle (1) des définitions antérieures à Auguste et d'autres contemporaines des glossateurs. Soit, mais qu'il nous montre aussi, s'il veut nous convaincre, des définitions qu'il puisse dater de l'un quelconque des siècles qui suivent le VIe et précèdent le XIe. C'est là le point important à établir, et il ne l'établit pas.

A défaut, peut-il justifier au moins que dans cette période intermédiaire on a puisé directement aux sources antejustiniennes (2). Il ne le fait pas, et cela serait contraire, en effet, à toutes les habitudes du moyen âge, aux procédés employés notamment pour composer les glossaires. Les mêmes définitions, les mêmes fragments ou extraits, soit d'auteurs anciens, soit de lois anciennes, se transmettaient de main en main. Ils étaient transcrits souvent, sans ordre et pêle-mêle, pour remplir des feuillets vides de MS.; ils étaient reproduits, compris ou incompris, purs ou déformés, par des générations de scribes et de moines. Qu'on examine les glossaires depuis le VIIIe siècle jusqu'au XIVe : on trouvera au XIVe encore des définitions

(1) C'est la date qu'il lui assigne dans son dernier ouvrage, *École de Bologne*, p. 62.

(2) M. Max Conrat a fort bien montré que toutes les sources antéjustiniennes utilisées dans les écrits prétendus antérieurs aux glossateurs étaient connues de ceux-ci (*Epitome Exactis*, p. CLXXXVI et suiv.).

qui ont émigré de glossaire en glossaire, de siècle en siècle, de pays en pays, qui, du glossaire d'Ansileubus (1), par exemple, sont arrivés jusqu'au *Pollex juris* (2). Seulement, à partir du XIIe siècle, les compilations sont faites avec plus de méthode, comme aussi elles s'accroissent manifestement du travail contemporain de la science. On peut le voir fort bien en comparant un glossaire du XIe siècle (3) avec le *Libellus de verbis legalibus* dans sa forme du XIIe. Les définitions empruntées au Digeste apparaissent dans ce dernier, les notions juridiques y sont mieux comprises, le groupement est meilleur. A cette époque aussi s'introduisent des termes de langage vulgaire; car non seulement les compilations voyagent et émigrent de plus en plus, mais elles sont glosées, interpolées, par les nombreux jurisconsultes qui mainte-

(1) Le célèbre *Liber glossarum*, VIIe-VIIIe siècle. Bibl. nat., lat. 11529-11530.

(2) C'est un glossaire de droit civil et de droit canon que j'ai trouvé dans un MS. du XIVe siècle. Bibl. nat., MS. latin 16891, f° 327 r° et suiv. Il débute ainsi : « Incipit quidam tractatus brevis et utilis per ordinem alphabeti de quibusdam dictionibus que in jure canonico et civili inveniuntur et dicitur *pollex juris* ».

Je donne dans l'appendice de cette Étude des extraits d'un assez grand nombre de glossaires anciens de la Bibliothèque nationale. J'ai choisi les définitions les plus importantes qui ne se retrouvent pas parmi celles que M. Conrat a tirées d'autres glossaires et publiées à la suite de l'*Epitome Exactis* (p. 178 et suiv.). Je ne les ai pas groupées suivant un ordre alphabétique continu pour laisser à chaque glossaire sa physionomie propre.

(3) Par exemple, le glossaire de Papias et le glossaire du XIe siècle dont je donne des extraits à l'appendice.

nant s'en servent, en Italie, en France et en Angleterre.

Que la forme première du *Libellus* et de l'*Expositio* remonte donc, si on le veut, jusqu'au XIe siècle, il sera certain jusqu'à preuve du contraire qu'elle consistait dans un recueil accidentel, fragmentaire, de définitions traditionnelles, définitions dont nous retrouvons un grand nombre groupées différemment soit à la fin d'une partie de Petrus dans le MS. Barrois 285 (1), soit après les Institutes dans le MS. latin 4422 (2) et ailleurs encore (3). Quant à la seule forme que nous connaissions, elle a subi déjà l'influence de la renaissance du XIe et du XIIe siècle, et la valeur que le *Libellus* peut avoir, et comme composition et par les définitions plus récentes qu'il contient, ne prouve pas plus en faveur d'une continuité de la science que les quelques expressions plus ou moins romanes qui s'y trouvent intercalées ne permettent de soutenir qu'il a été composé en France (4).

(1) Voyez la 2e Étude.

(2) *Infrà*, Appendice.

(3) A la fin de Barrois 336, par exemple (*infrà*, Appendice de la 2e Étude), et du MS. de Cambridge (*infrà*, 3e Étude, chap. VI).

(4) M. Fitting avait commencé par citer un grand nombre d'expressions contenues dans le *Libellus* en leur assignant pour patrie le Nord de la France (*Jurist. Schriften*, p. 40). Il a reconnu plus tard (*Zeitschrift der Savigny-Stiftung*, t. VI, p. 178, note 1) que, sauf trois, elles se rencontraient ailleurs. Les trois exceptées sont : *guarantus* (*Libellus*, cap. 15, p. 187), *in tasco* (cap. 3, p. 182), *entercietur* (p. 203).

Pour aucun de ces termes la localisation qu'on veut en faire n'est justifiée.

La forme *guarantus* se rencontre au Midi comme au Nord, en

provençal et en espagnol, comme dans l'allemand et le roman. Voyez, en effet, Diez, *Etymologisches Wœrterbuch*, 1re partie : « Guarento alt. ital., sp. *garante*, prov. *guaran* und guiren, fr. garant,... alt fris. *werand.* »

In tasco signifie ici « subrepticement », « en cachette ». En effet, le texte porte : « *Aversio*, quando aliquis emit *in ambiguo*, quod vulgo dicitur *in tasco* ». Cette expression ne se retrouve pas dans les langues romanes. Par contre, les gloses malbergiques de la loi salique ont *taxaca*, *taxaga*, et la loi salique elle-même a « *in taxaca* », avec l'acception de « fraude », « vol ». « Si homo ingenuus servum alienum in taxaca secum involare duxerit, aut aliquid cum ipso in taxaca neguciat... » (XI, 4, Cod. 7, Ed. Hessels). D'autre part, le Codex Estensis, aujourd'hui perdu, dont Muratori a publié des gloses et des leçons, nous présente la forme *in taxetum* et ajoute « id est, mercatum » (Muratori, *Antiq. ital.*, II, col. 287).

Entercietur. Je cherche vainement en quoi ce terme peut être spécial au nord de la France. *Interciare* existe dans les lois lombardes comme dans les autres lois germaniques (Capitul. ital. Carol. magn. 130 (132) : « Si auctor venerit, et rem *interciatam* recipere noluerit, campo vel cruce contendat ». Serait-ce la forme *en* pour *in* qu'on aurait en vue ? Mais il n'est rien de plus usuel que cette substitution de l'*e* à l'*i*, non pas seulement en espagnol ou en provençal mais en italien (par exemple, *en*trare pour *in*trare, etc.). — J'aurais pu me dispenser, au surplus, d'entrer dans ce détail car le mot « *entercietur* » ne fait pas même partie du texte, il est une simple glose interlinéaire ajoutée après coup.

CHAPITRE V.

CONCLUSIONS DES PRÉCÉDENTS CHAPITRES.

Les résultats de l'examen critique auquel je viens de me livrer peuvent se résumer ainsi :

1° Les écrits juridiques publiés par M. Fitting sont ou bien de l'époque justinienne ou bien du XIIe siècle, tout au plus de la fin du XIe.

2° Aucun d'eux, ni pour la forme ni pour le fond, ni pour l'ensemble ni pour ses éléments constitutifs, ne peut être placé avec la moindre apparence de raison dans l'époque intermédiaire qui sépare le VIe siècle du XIe.

3° Il n'existe, par suite, aucun trait d'union qui relie les textes antiques, — s'il en est parmi eux — aux textes récents, produits de la renaissance juridique. Ces textes antiques ont été l'objet d'une transmission purement matérielle, faite par des copistes pour les besoins de la pratique et de l'enseignement des arts libéraux, ou bien, comme il arrivait fréquemment au moyen âge, sans but précis, le seul fait par un clerc de copier un manuscrit étant considéré comme œuvre pie. Leur transmission ne saurait donc, à aucun point de vue, démontrer la persistance d'une science juridique.

Ces conclusions doivent être étendues, je le dirai, aux gloses de Turin et aux scolies sur l'Épitome de Julien, mais il y a quant à ces textes des circonstances spéciales. Leur antiquité n'est plus hypothétique ; ils ne se trouvent pas comme les écrits précédents dans des MSS. du XIIe ou XIIIe siècle mais dans des MSS. antérieurs au XIe siècle ; en outre M. Fitting soutient que les gloses de Turin ont été accrues sans interruption du VIe au XIe siècle, et il allègue que les scolies ont été l'objet d'un emploi scientifique dans des collections du IXe. J'en renvoie donc l'examen à la partie suivante où je m'occupe des écrits attribués à la période intermédiaire.

CHAPITRE VI.

LA TRANSMISSION DES LOIS ROMAINES.

Il ne me reste plus pour clore la présente Partie qu'à dire quelques mots de la transmission des lois romaines elles-mêmes. M. Fitting s'est attaché à prouver que toutes les parties du Corps de droit ont été connues de tout temps au moyen âge [1]. Ce n'est là qu'un argument de défense. Il est clair, en effet, que si les compilations de Justinien avaient été enfouies, inaccessibles, dans toute la période qui précède les glossateurs il ne pourrait être question d'une science du droit romain; d'où la nécessité pour la théorie nouvelle d'écarter cette objection. Mais à supposer qu'elle y réussît, la question n'aurait pas fait un pas. Il ne s'agit pas de savoir si on eût pu étudier le droit romain, mais si on l'a véritablement étudié, ni même si l'on a fait usage des lois romaines, mais si cet usage a été le fait de jurisconsultes dignes de ce titre et non de vulgaires praticiens ou de simples grammairiens.

Précisément, ce dernier usage est le seul qui

(1) Notamment dans *Zeitschrift der Savigny-Stiftung*, t. VI, p. 109 et suiv.

puisse être prouvé pour les Institutes, le Code et les Novelles, c'est le seul aussi qui s'accorde et avec la forme abrégée sous laquelle Code et Novelles circulèrent (1) et avec la nature des gloses dont ces diverses parties du *corpus juris* furent l'objet (2). M. Fitting croit, il est vrai, que les abrégés du Code étaient destinés à l'enseignement (3). Voyez, dit-il, l'abrégé des neuf premiers livres que nous ont conservé les MSS. de Pistoie, de Paris et de Darmstadt (4). Le MS. de Paris se termine par ces mots : « Finibus en libri complebo [*jussa*] *magistri* », en outre les trois MSS. se dispensent de reproduire les §§ 1 et 2 de la C. 22 (6. 2) par la raison indiquée par deux d'entre eux que ces §§ ont été insérés aux Institutes : « et cetera sicut legitur in institutionum lib. IV, cap. 1, usque ad illum finem ».

M. Fitting n'a certainement pas vu lui-même le MS. de Paris (Bibl. nat. lat., 4516), sans cela il n'aurait pas interprété comme il le fait la phrase qu'il cite. Pour lui elle veut dire que l'écrivain (le *rédacteur?!*) s'est renfermé dans les limites tracées par le maître. Or, le MS. ne se termine nullement sur cette phrase, laquelle est placée après la C. 12 (9, 51). Elle est suivie, en effet, de la C. 13 (9, 51), dernière

(1) Voyez Krüger, *Geschichte der Quellen und Litteratur des Römischen Rechts* (Leipzig, 1888), p. 378 et suiv.

(2) *Infrà*, p. 61 et suiv.

(3) *École de Bologne*, p. 56.

(4) *Infrà*, p. 73 et suiv.

du livre IX, et puis vient cet explicit en majuscules rouges et noires :

Explicit Liber VIIII Feliciter Incipit Liber X De jure fisci (f° 138 v°).

Le MS. 4516 paraît donc tronqué comme l'est le MS. de Pistoie, qui s'arrête au milieu de C. 6 (8. 49). Il devait comprendre le livre X. En tout cas, la phrase prétendue finale ne l'est pas, et elle ne peut avoir le sens tout à fait arbitraire qu'on lui prête. Il faut supposer d'abord que la restitution «*jussa*» est exacte (1). Pourquoi ensuite *complebo?* si le MS. était achevé, il faudrait *complevi.*

La phrase en question n'a, je crois, que deux significations possibles. Ou bien le copiste s'est aperçu qu'il avait mis trop tôt son explicit du libre VIII, qu'il lui restait encore à transcrire le C. 13 (9. 51), et il annonce qu'il va réparer son oubli et se conformer ainsi à l'ordre qu'il a reçu de transcrire tout le MS. qu'il a sous les yeux. Ou bien (et c'est pour moi le sens de beaucoup le plus probable) il a intercalé là (2), un de ces hexamètres que les copistes s'em-

(1) Voici la transcription exacte :

A la fin de la dernière ligne du texte :

Expl. lib. VIIII (*en noir barré de rouge*).

Au-dessous en majuscules rouges :

Explicit liber VIIII feliciter Deo gratias;
Finibus en libri complebo magistri. (f° 138 r°).

(2) Il restait en effet au bas du feuillet un blanc de la valeur de quatre lignes.

pruntaient les uns aux autres, comme des clichés, pour remplir un blanc et pour se délasser. Ces vers n'ont aucun rapport avec l'ouvrage lui-même. Ils sont religieux dans des écrits profanes, frivoles dans des écrits sérieux. Dans celui-ci le copiste reprend haleine et promet qu'il accomplira sa tâche jusqu'au bout.

Je demande maintenant en quoi le renvoi aux Institutes prouve que notre MS. du Code était destiné à l'enseignement du droit. Ne sait-on pas que les Institutes étaient de toutes les compilations justiniennes la plus répandue avant le XIIe siècle? Cela seul autorisait déjà un copiste à alléger sa besogne par un renvoi, sans compter la circonstance qu'il pouvait exister des MSS. des Institutes dans la bibliothèque pour laquelle il travaillait.

Si nous passons aux Pandectes, il n'est plus même question d'un emploi restreint, sous forme d'abrégé, (la pratique abandonnée à elle-même s'étant, sans doute, trouvée impuissante à maîtriser cette vaste compilation) de sorte qu'ici l'argument de défense échappe à son tour aux novateurs. M. Fitting a fait d'infructueux efforts pour le ressaisir. Vainement il a tenté de nous convaincre que le Digeste a été connu et utilisé avant le XIe siècle. Quelles traces en a-t-il pu signaler (1)? Un fragment cité dans une lettre de Grégoire le Grand de l'an 603, une allusion dans un écrit

(1) *Zeitschrift der Savigny-Stiftung*, t. VI, p. 110 et suiv.

d'Agobard (IXe siècle) et deux fragments découverts par M. Conrat dans une glose des Institutes du IXe ou du Xe siècle. L'allusion est si lointaine qu'il n'y a pas à s'y arrêter; quant aux fragments, le premier n'appartient pas, à vrai dire, à la période intermédiaire, et les deux autres peuvent très bien avoir été empruntés soit à des *Excerpta* soit à des gloses anciennes comme M. Conrat lui-même l'admet. Et c'est avec des vestiges si faibles (1) et si ambigus que l'on démontrerait la connaissance ininterrompue des Pandectes du VIIe au XIe siècle, non pas seulement en Italie, mais en France!

M. Fitting a senti que c'était vraiment trop peu; il s'est rejeté alors sur les MSS. et s'appuyant de l'autorité de M. Mommsen a prétendu que la *littera Bononiensis* procédait d'une copie de la Florentine, corrigée et glosée dès le Xe siècle d'après un MS. indépendant. Corrigée et glosée! Donc on connaissait, on utilisait les Pandectes. Mais M. Mommsen ne dit rien de semblable (2). Il affirme, au contraire, qu'il n'y a que deux familles de MSS. complets, la Florentine et la *littera Bononiensis,* que celle-ci est dérivée d'une copie de la Florentine et a seulement été amendée et interpolée *par les premiers jurisconsultes bolonais* à l'aide d'un MS. différent. Quant à une glose ancienne, il ne la fait pas remonter non plus au delà des glossateurs.

(1) M. Fitting a cru pouvoir y joindre quelques extraits qui se trouvent dans la glose de Pistoie, mais voyez *infrà*, p. 77.

(2) Mommsen, *Préface de sa grande édition du Digeste*, p. LXVIII.

Et, en effet, il suffit d'étudier avec quelque soin l'une des plus anciennes copies de la *littera Bononiensis,* le MS. 4450 de la Bibliothèque nationale, pour se convaincre que tous les éléments dont se compose le texte glosé sont de la même école et appartiennent à la renaissance irnerienne (1).

(1) *Infrà*, p. 70-71.

TROISIÈME PARTIE.

TRAVAUX COMPRIS ENTRE LA FIN DU VIe SIÈCLE ET LA FIN DU XIe SIÈCLE.

Dans les écrits juridiques que nous venons d'étudier, tout était vague, flottant, insaisissable : l'âge, le caractère, l'homogénéité, la juxtaposition ou le mélange d'éléments anciens et d'éléments modernes. Un point capital était à résoudre : l'écrit était-il antérieur aux premiers glossateurs, contemporain ou postérieur? Désormais, nous nous mouvons sur un terrain plus solide. Nous avons, à maintes reprises, un criterium qui nous faisait totalement défaut : l'âge ancien des MSS. Nous sommes certains alors que les écrits sont antérieurs au XIIe siècle.

Quand ce critérium se dérobe, l'incertitude reparaît entière. Tel est le cas pour deux ouvrages d'une importance spéciale : les *Exceptiones Petri* et le *Brachylogus juris civilis*. Je les laisserai, pour le moment, en dehors de la discussion. Je n'ai pas la prétention d'aborder ici tous les problèmes que soulève l'histoire du droit romain au moyen âge; je veux seulement passer au creuset les affirmations qu'on nous présente comme des découvertes de la science, et qui, en France comme à l'étranger, ont été acceptées trop facilement comme des vérités acquises. Or, quant aux deux ouvrages dont je parle, l'école nouvelle en est réduite à imaginer des hypothèses, à les modifier, à les agencer, à les échafauder, tour à tour y cherchant un étai pour sa théorie générale ou s'efforçant de les consolider à l'aide de celle-ci. Elle a fait une grande dépense d'ingéniosité et déployé une vraie prestesse d'esprit, mais je montrerai plus loin pour le *Brachylogus* et dans ma seconde étude pour les *Exceptiones* combien le procédé est artificiel et le résultat factice.

Ces deux écrits mis à part, restent notamment les travaux dont l'origine prébolonaise est prouvée par l'âge des MSS. Nous devons nous demander à leur sujet dans quelle mesure leur valeur propre, — s'ils sont contemporains de l'écriture, — ou bien leur emploi ou leur transcription, — s'ils sont plus anciens, — prouvent la continuité d'une culture scientifique du droit. Je les répartirai dans trois grandes divisions : droit romain proprement dit, droit romain dans ses rapports avec le droit canonique, droit romain dans ses rapports avec le droit lombard et le droit féodal.

CHAPITRE PREMIER.

DROIT ROMAIN PROPREMENT DIT.

Tous ces travaux se ramènent à des sommes ou à des gloses sur les diverses parties du *Corpus juris*, ou sur les compilations qui, dans certains pays, en tinrent lieu, l'Epitome de Julien, le Code Théodosien, le Bréviaire d'Alaric. On peut donc les grouper autour de ces recueils.

§ I.

Gloses sur les Institutes.

Sur les huit manuscrits les plus anciens des Institutes, six sont glosés : deux MSS. de Bamberg, l'un du IXe ou du Xe siècle (D. II, 3), l'autre du XIe ou du XIIe (D. II, 4), un MS. de Turin du Xe siècle (D. III, 13) (ancien H. IV, 4), un MS. du Mont-Cassin (formé de feuillets de garde de divers MSS. du Xe ou du XIe siècle, un MS. de Cologne (fol. n° 328) (ancien X, 8). Vous voyez, conclut de là M. Fitting, quelle était l'activité scientifique de cette époque si décriée! — L'appareil, il est vrai, est imposant à première vue; mais qu'en subsiste-t-il quand on l'examine de près?

L'un des MSS. d'abord doit être écarté : le MS. Bamberg D. II, 4. Schrader, en effet, l'attribue au XIIe siècle et à l'école de Bologne. Le nom d'Irnerius figure au bas d'une glose [1].

Parcourons les cinq autres MSS.

I. *MS. de Turin* (D. III, 13).

C'est de beaucoup le plus important, de beaucoup aussi le plus célèbre. Schrader l'avait signalé et décrit [2]. Savigny en a publié la glose [3], M. Krüger l'a rééditée dans ses éléments les plus anciens [4], M. Fitting en fait la pierre angulaire de son système. Il est certain, dit-il, que la partie la plus considérable est antique, contemporaine de Justinien; mais elle a été transcrite au Xe siècle, non par un *copiste inconscient*, mais dans un *dessein nettement arrêté* — c'est-à-dire, si j'entends bien, par un jurisconsulte ou tout au moins par un copiste auquel le droit était familier. — Il y a plus. Dans cette partie antique, des gloses plus récentes se sont glissées, de même qu'elle s'est accrue par des additions, faciles à distinguer, au Xe, au XIe, au XIIe siècle, additions si nombreuses, si diverses qu'on discerne dans l'écriture du MS. jusqu'à

(1) Schrader, *Prodromus corporis juris civilis* (Berlin, 1823), p. 37 : « Sæc. duodecimi, ... cum glossa Ante-Accursiana, cui semel nomen Irnerii subscriptum est, cumque nonnullis Authenticis ».

(2) *Op. cit.*, p. 55-57, p. 229-230, etc.

(3) *Geschichte*, 2e édition (1834), II, p. 429 et suiv. — Adde p. 199 et suiv.

(4) *Zeitschrift für Rechtsgeschichte*, VII (1868), p. 52-78.

quatorze mains différentes (1). Voilà donc un système ininterrompu de commentaires allant du VIe au XIIe siècle. Il nous ouvre des horizons d'autant plus vastes sur l'activité scientifique de cette période qu'il était répandu dans un grand nombre d'exemplaires et qu'il était né de l'enseignement oral.

Je ne crois pas avoir affaibli l'argumentation, je crois n'en avoir rien omis. Pour en faire juger la valeur, je me contenterai de mettre en regard les constatations matérielles faites par M. Krüger (2), dont M. Fitting invoque un peu imprudemment le témoignage.

Le MS. des Institutes est du IXe ou du Xe siècle. La glose se compose de deux éléments profondément dissemblables : une partie antique écrite par une main du Xe siècle, une partie récente écrite par un grand nombre de mains (treize) au XIe ou au XIIe siècle. La partie ancienne, la seule que M. Krüger ait publiée, est, suivant lui, contemporaine de Justinien : sa transcription est l'œuvre *si machinale* d'un *copiste si inconscient* qu'elle fourmille de non-sens et d'absurdités (3). Elle est écrite d'une seule main. M. Krüger remarque

(1) *École de Bologne*, trad. fr., p. 52. Éd. allem., p. 53 : « *Nicht etwa als kenntniss-und gedankenlose Wiedergabe einer älteren Vorlage, sondern mit vollster, bewusster Absicht* ».

(2) *Loc. cit.*, p. 45 et suiv.

(3) « Il est incontestable, dit M. Krüger, que la glose ne provient pas d'un jurisconsulte qui, en se servant du manuscrit, y a ajouté ses observations ; elle est une copie *machinale* (gedankenlose) d'un travail préexistant (*loc. cit.*, p. 47). — Voyez ensuite les grossières bévues que M. Krüger relève à la charge du copiste (*Ibid.*).

seulement que certaines gloses n'ont pas de signe de renvoi et sont placées directement en face des mots à expliquer, au lieu que la plupart des autres sont rattachées au texte par des lettrines qui, en général, se suivent dans l'ordre alphabétique. Il n'en conclut nullement que ces gloses sont d'une époque différente des premières, car leur caractère, extrinsèque et intrinsèque, est le même; il émet la simple conjecture qu'elles pourraient provenir d'un autre MS. glosé des Institutes.

Si nous passons à la partie plus moderne, nous n'y trouvons que *huit* gloses à l'égard desquelles on puisse douter si elles remontent au xe siècle ou si elles sont du xie. Ce doute, M. Krüger ne paraît même le soulever que par une sorte de condescendance pour Savigny, qui les avait rangées parmi les gloses antiques. En vérité, à juger d'après le fac-simile qu'il en donne, leur écriture est bien plutôt du xie que du xe siècle. Quoi qu'il en soit, leur importance est très secondaire; la moitié d'entre elles sont des passages reproduits d'Isidore.

Toutes les autres gloses sont incontestablement du xie ou du xiie siècle, et, comme Savigny déjà l'a remarqué, se rattachent par le mode de citation et par le fond à l'école de Bologne (1). On peut y relever même les sigles M (2) et P (3), et les attribuer avec

(1) Savigny, *Geschichte*, II, p. 204.
(2) Glose, n° 413, Ed. Savigny.
(3) Gloses, n° 262, 283, 304, Ed. Savigny.

toute vraisemblance à Martin Gosia et à Placentin.

Quant au nombre plus ou moins considérable d'exemplaires dans lesquels la glose aurait circulé, M. Krüger se borne à dire que l'indication de quelques variantes, dont une de première main, fait penser que le copiste de la *glose primitive* n'a pas puisé dans un MS unique. Le contraire surprendrait, en effet. Mais de ce que très anciennement, peut-être dès le VIe ou le VIIe siècle, le texte des Institutes était dans divers MSS. revêtu de cette glose, comment en conclure que la reproduction (unique celle-là!) de l'un de ces MSS., au Xe siècle, ou les maigres emprunts qui furent faits à un autre à la même époque (dans le MS. de Bamberg [1]), visaient un but scientifique et spécialement un but d'enseignement du droit? Les nécessités élémentaires de la pratique et les préoccupations grammaticales ne suffisent-elles pas amplement pour les expliquer?

Quelles sont aussi les preuves directes que l'on apporte à l'appui de cette hypothèse? M. Fitting en est réduit à invoquer la glose 274 de l'édition de Savigny :

« (v. *defraudebatur*) (interlin. *vel fru*). Hic magister elegit dicere de frudebatur ».

Mais cette glose est une des plus récentes, elle est

(1) Voyez Conrat, *Epitome Exactis*, p. CCLIII, et *infrà*, p. 66-67.

du XIe ou du XIIe siècle; en outre, si elle est née de l'enseignement, ce n'a pu être que de l'enseignement de la grammaire. Il suffit, pour s'en convaincre pleinement, d'en rapprocher cette autre qui est de la même date et à coup sûr d'un grammairien lombard :

« Glose 260 (v. *ultro citroque*), Adverbium loci est et componitur ex ultro et que et citro; ultro id est de la, citro de cia (1) ».

Et c'est avec de pareils textes que l'on prétend nous démontrer que la glose de Turin n'a pas cessé depuis le VIe siècle jusqu'au XIIe d'alimenter dans les écoles l'étude scientifique du droit!

En résumé, cette glose est formée artificiellement de deux fractions nettement tranchées, une partie ancienne, contemporaine de Justinien (VIe siècle), une partie récente, contemporaine des premiers glossateurs (XIe-XIIe siècle). Le seul trait d'union qui les relie est la transcription purement matérielle et inintelligente, faite au Xe siècle, de la partie antique. Une œuvre maladroite de copiste, voilà donc tout ce qui demeure à l'actif de la période intermédiaire.

II. *MS. de Bamberg* (D. II, 3).

Le MS. est du IXe ou Xe siècle. M. Conrat en a tiré les deux fragments des Pandectes dont j'ai parlé plus

(1) En Lombardie « *de scia* » correspond à notre locution française « de çà ».

haut. Schrader avait signalé déjà les gloses dont il est pourvu et insisté sur leur caractère exclusivement philologique (1). Ces gloses ont-elles en effet une valeur juridique quelconque? Attestent-elles chez leurs auteurs l'intelligence du droit ou seulement la connaissance des sources? La réponse me paraît être faite sans réplique par l'examen minutieux auquel M. Conrat a soumis le MS. (2). C'est un travail de grammairien, plein de puérilités et de contre-sens, ce n'est à aucun degré une œuvre de jurisconsulte.

III. *MS. du Mont-Cassin.*

Nous ne possédons que des fragments de ce MS. découverts par Bluhme dans diverses reliures de la Bibliothèque du Mont-Cassin. Texte et gloses sont du xe ou du xie siècle. Schrader les a décrits d'après une collation et une copie faites par Bluhme. La glose est de la même nature que celle du MS. précédent (Bamberg, D. II, 3); mais elle est plus pauvre encore et plus aride (3). Elle explique les mots de la langue usuelle, même les plus simples, et quant aux termes

(1) Schrader, *Prodromus*, p. 36, p. 228 : « Glossam ... ab omni juridica eruditione alienam, mere philologicam, potissimum synonyma, passim etiam etymologica et breviorum sententiarum explanationes sistentem ».

(2 *Op. cit.*, p. CCLII et suiv.

(3) Schrader, *Prodromus*, p. 229 : « Bambergensi, nisi quod rarius addita et magis jejuna... simillima », p. 316 : « Glossæ paucæ interlineares plerumque philologicæ ».

juridiques elle les traduit de travers. Les mots « *præscriptis verbis* », par exemple, sont définis : « id est per arbitrium judicis ». Ainsi, pour le glossateur, les *actiones præscriptis verbis,* les *actiones arbitrariæ,* les *actiones bonæ fidei,* c'est tout un !

IV. *MS. de Paris,* Bibl. nat. lat. 4421.

Le MS. est du XI° siècle, les gloses sont de la même époque. Leur nombre est infime. il ne dépasse pas six. La première et la dernière paraissent de la même main que le texte, les gloses 4 et 5 de la même main l'une que l'autre. Toutes ces gloses sont marginales. Je les donne plus loin (1) et l'on pourra voir quel faible bagage juridique elles constituent. Les gloses 4 et 5 ont été mutilées par le couteau du relieur, ce qui rend difficile de porter un jugement sur elles ; mais la glose 1 est intacte, et elle dénote une rare impéritie. Le glossateur n'ignore pas seulement le fr. 5 *Si a parente quis manumissus* (37, 12), il ne connaît pas davantage les C. 12 *De episcopali audientia* (1, 4) et 6 *De spectaculis* (11, 40). Sa glose ne peut être qu'une extension donnée par la pratique aux fr. 32 et 33 *De adopt.* (1, 7) ou une interprétation erronée (peut-être traditionnelle aussi) d'un § des Sentences de Paul inséré dans le Bréviaire d'Alaric (2).

Deux variantes du texte des Institutes sont écrites

(1) *Infrà,* Appendice I, p. 129.
(2) Paul, *Sent.*, IV, 12. 1 ; Brev. d'Alaric, Ed. Haenel, p. 410.

en marge [1], et à la fin du MS. sont transcrits avec des constitutions du Code quelques-uns de ces *Excerpta* qui circulaient comme règles de droit ou brocards juridiques [2].

V. *MS. de Cologne* (fol. n° 328).

Cramer, après un examen sommaire de ce MS., où il a découvert les deux constitutions fictives publiées ensuite par Klenze, avait conjecturé qu'il était de la fin du XIe ou du commencement du XIIe siècle [3]. Haenel qui a eu à s'en occuper parce qu'il contient également l'Épitome de Julien s'est rallié à cette opinion [4]. M. Krüger, par contre, le savant éditeur des Institutes et du Code, n'hésite pas à le dater du XIIe siècle.

J'avoue que la science paléographique de M. Krüger me paraît un guide plus sûr que le flair que s'attribue Cramer [5] ou l'orthographe qu'Haenel invoque. En tout cas, ni Cramer ni Haenel ne se prononcent sur l'âge des gloses : le texte seul a été daté par eux.

(1) Inst. II, 11, pr. v° « Constitutio induxit » en marge « vel indulxit ». — Inst. IV, 1, § 11, variante : « Vel oves aut tuos boves ita infugaverit ut alius exciperet ».

(2) *Infrà*, Appendice II, p. 131 et suiv.

(3) *Zeitschrift für gesch. Rechtswissenschaft*, VIII (1832), p. 133.

(4) *Juliani Epitome*, Ed. Haenel (Leipzig, 1873), p. XII.

(5) « Je compte davantage, dit-il, sur un tact solide (*einen tüchtigen Tact*) et un œil exercé que sur toutes les règles de la diplomatique » (*loc. cit.*, p. 134).

Nous rentrons donc, du moment que le MS. ne nous fournit plus de point de repère certain, dans le champ mouvant des hypothèses. Aussi, quand tout récemment les gloses eurent été publiées par M. Conrat (1), M. Fitting s'empressa-t-il de déclarer qu'elles appartiennent au cycle littéraire, vague et flottant, de Petrus et de ses appendices (l'*Expositio terminorum* surtout) (2). Avec Petrus elles n'ont pourtant de commun que la définition du *peculium* (Petrus I, 20), qui dans Petrus même n'est qu'une glose intercalée après coup dans le texte (3); avec l'*Expositio* que la définition du *lucrum* qui se rencontre encore couramment au XIIe siècle, par exemple dans les *Excerpta* du MS. latin 4422. Dans de telles conditions il n'y a pas la moindre apparence que les gloses du MS. de Cologne soient antérieures aux glossateurs.

§ II.

Gloses du Digeste.

On ne connaît pas, je l'ai dit, de gloses du Digeste qui remontent au delà d'Irnerius. J'ai étudié l'un des plus anciens parmi les MSS. glosés, le MS. 4450 de la

(1) *Archivio giuridico*, t. XXXIV, p. 105 et suiv.

(2) *Zeitschrift der Savigny-Stiftung*, t. VI, p. 275 et suiv.

(3) Elle figure encore comme glose dans le MS. latin 1730 (f° 107) dont je parlerai dans ma seconde étude.

Bibliothèque nationale, que M. Mommsen date de la fin du XIe siècle ou du commencement du XIIe (1). Il est recouvert de gloses des jurisconsultes de Bologne, d'Irnerius, de Martin Gosia, d'Albericus, etc. Sur le dernier feuillet et après le texte on lit cette définition qui appartient certainement à la même école : « Quinque modis dicta est res in nullius bonis esse, natura, censura, tempore, casu, facto. Natura ut ea quæ sunt communia, mare sive et volucres et cetera. Censura velut res sacræ, tempore ut tesaurus, casu ut res hereditaria, facto ut res habita pro derelicta (2) ».

§ III.

Sommes et gloses du Code.

En dehors des écrits des jurisconsultes byzantins qui ont exercé une influence mal connue encore sur la pratique du droit en Italie (3), deux travaux seule-

(1) Il ne contient que le *Digestum vetus* mais augmenté du fr. 1 et de partie du fr. 2 *Soluto matrimonio* (24, 3) jusqu'aux mots « quasi ex voluntate filie videri experiri patrem » inclusivement.

(2) Cf. la glose de Cologne, n° 30 (Ed. Conrat) : « Que sunt nullius quedam natura ut fere bestie, quedam casu ut hereditas antequam adeat, quedam acto ut res que religiosis locis dantur ».

(3) Sur cette question aussi, qui appelle des investigations longues et minutieuses, prudentes et méthodiques, l'exemple donné a été contagieux : on s'est jeté à corps perdu dans l'hypothèse. La

ment sur le Code peuvent trouver leur place ici, la somme de Pérouse, et la glose dite de Pistoie.

I. *Somme de Pérouse.*

C'est un abrégé des huit premiers livres du Code, contenu dans un MS. de Pérouse du xe siècle. Niebuhr a le premier appelé l'attention sur ce texte (1) et Heimbach l'a publié dans ses *Anecdota* (2). Niebuhr y voit un livre de pratique, composé du VIIe au IXe siècle, d'après une somme plus ancienne et bien rédigée, écrit dans la langue en usage parmi les praticiens et dépourvu de toute valeur scientifique. Tel est aussi le jugement d'Heimbach (3) et on ne peut que le ratifier.

chaîne de continuité admise *à priori* et dont il s'agit seulement de retrouver les anneaux, un professeur italien croit l'avoir découverte intacte dans la jurisprudence byzantine. L'école de Bologne n'a rien inventé, rien innové, elle n'est qu'un prolongement, sans solution de continuité, des écoles de Béryte et de Constantinople (Voyez G. Tamassia, *Bologna e le scuole imperiali di diritto*, extrait de l'*Archivio giuridico*, t. XL, fasc. 1-2, Bologne, 1888, 48 pp.). — Il n'a pas été difficile à un critique aussi judicieux que M. Landsberg de faire prompte justice d'un système dont l'imagination fait presque seule les frais (*Zeitschrift für Savigny-Stiftung*, t. IX, 3, p. 423-432). Mais n'avais-je pas raison de dire que la science a été jetée hors de sa voie par les audaces de l'école nouvelle?

(1) *Zeitschrift für Gesch. Rechtswissenschaft*, t. III (1816), p. 389 et suiv.

(2) *Anecdota*, t. II, Leipzig, 1840.

(3) Heimbach, *loc. cit.*, p. XX.

II. *Gloses de Pistoie.*

Il existe trois MSS. d'un abrégé du Code revêtu de gloses assez abondantes : l'un, du xe siècle, est conservé à Pistoie [1], l'autre, du xie siècle, à Darmstadt [2], le troisième, du xie siècle aussi, est à Paris [3]. Les gloses du MS. de Pistoie ont été publiées par M. Chiappelli [4], le MS. de Darmstadt n'a pas été exploré encore, j'ai étudié moi-même le MS. de Paris. J'ai pu ainsi rectifier sur bien des points l'édition de M. Chiappelli et y ajouter bon nombre de gloses nouvelles [5]. Le MS. de Pistoie s'arrête en effet brusquement au milieu de la c. 6 *De Emancipat. liber.* (8, 49), tandis que le MS. de Paris va jusqu'à la fin du livre IX et allait peut-être au delà [6].

M. Chiappelli, dans un second travail [7], a groupé les gloses du MS. de Pistoie d'après leur écriture. Elles sont, en effet, de différentes mains, les plus anciennes du xe siècle, les plus récentes du xie. La rédaction des premières est, suivant l'éditeur, antérieure

(1) *Bibl. del Duomo* (S. Zeno), n° 66.

(2) Bibl. de Darmstadt, n° 2000.

(3) Bibl. nat. lat., 4516.

(4) *La glossa Pistoiese al Codice Giustinianeo* (Turin, 1885).

(5) Voyez *infrà*, Appendice III, p. 145. Je me suis borné à rectifier et à compléter les scolies proprement dites, les seules qui aient un intérêt juridique, comme on le verra à l'instant.

(6) *Suprà*, p. 53-54.

(7) *Zeitschrift der Savigny-Stiftung*, VIII, 1, p. 86 et suiv.

à leur transcription, suivant M. Fitting, antérieure même au IXe siècle. Celles du XIe siècle seraient contemporaines, ou à peu près, de l'écriture.

Dans le MS. de Paris les gloses qu'il a en commun avec le MS. de Pistoie sont, en général, de la même écriture que le texte ou d'une écriture contemporaine (XIe siècle); les autres sont d'une écriture un peu plus récente. La même circonstance paraît se rencontrer dans le MS. de Pistoie, puisque beaucoup de gloses qui manquent dans le MS. de Paris sont datées par M. Chiappelli du XIe siècle. On est donc autorisé à admettre que la partie commune aux deux MSS. est la partie primitive, qu'ils l'ont prise tous deux sur un même type, et que les gloses spéciales à l'un ou à l'autre sont postérieures, ici au Xe, là au XIe siècle.

Pour le surplus je n'ai pas à examiner si les gloses les plus anciennes sont ou non antérieures au IXe siècle, pas plus que je ne veux rechercher si M. Chiappelli n'a pas rangé dans le Xe siècle des écritures qui pourraient n'être que du XIe. Je prends les gloses en elles-mêmes, je les prends comme antérieures aux glossateurs, j'admets même qu'elles puissent s'espacer sur plusieurs siècles, et je demande alors si elles ont un mérite scientifique et en quoi il consiste?

Ces gloses sont de trois espèces : des scolies proprement dites, des variantes ou leçons de MSS., des explications de mots [1]. Je commencerai par les deux

(1) M. Chiappelli a publié en trois groupes celles du MS. de Pistoie, mais en leur donnant une même série de numéros, ce qui

dernières catégories représentées presque exclusivement pas des gloses interlinéaires.

Les nombreuses variantes que les MSS. contiennent sont d'époques diverses. M. Fitting y a vu la preuve que la critique des textes remonte fort haut. Mais s'agit-il de la critique comme nous l'entendons aujourd'hui et comme les glossateurs l'entendirent? De qui émanaient ces variantes? De jurisconsultes ou bien de grammairiens ou de clercs? Il faudrait ne pas savoir que la collation des MSS. était une des tâches les plus ardues et les plus méritoires des moines pour hésiter sur la réponse et si l'on veut se convaincre à quel point toute préoccupation juridique est étrangère à ce travail matériel de collation des textes qu'on considère les gloses explicatives de mots, qui sont étroitement liées aux précédentes et qui dans le MS. de Paris sont en grande partie de la même écriture.

complique d'autant plus les recherches que la distinction est souvent délicate entre une scolie proprement dite et une glose interprétative, et qu'il a donné des numéros à la suite à quelques gloses des trois catégories publiées dans son travail complémentaire. Les « *scolii* » forment les n°s 1-144 (édition, p. 31-39) et le n° 926 (*Zeitschrift, loc. cit.*, p. 88), — les « *glosse critiche* » les n°s 145-649 (p. 40-55) et 927-937 (*Zeitschrift*, p. 88), enfin les « *glosse interpretative* », les n°s 650-925 (p. 56-64) et 938-944 (*Zeitschrift*, p. 89). — Il y a donc 145 scolies proprement dites, 546 variantes et 283 explications de mots.

Beaucoup des gloses critiques et des gloses explicatives du MS. de Pistoie manquent dans le MS. de Paris, mais celui-ci en renferme par contre qui ne se trouvent pas dans le MS. de Pistoie (voyez la note suivante). — Quant aux scolies proprement dites, je renvoie à l'Appendice *infrà*, p. 147 et suiv.

Il est difficile de rien imaginer de plus puéril et plus redondant que ces gloses explicatives. Les mots sont remplacés par des synonymes (1), quelquefois par une définition empruntée à un glossaire (2); au-dessus des verbes, des déterminatifs, des pronoms, sont placés les substantifs auxquels ils correspondent. Nulle rigueur d'expression, nulle connaissance de la langue technique, de la langue du droit. Je ne puis mieux comparer ces gloses qu'à un *mot à mot*, à une explica-

(1) Je prends au hasard : *MS. latin 4516*.

Liv. I, 3, Const. 32,	v° fas sit......	id est licitum sit.
I, 3, Const. 2,	v° strepitus....	id est sonus.
Idem.	v° irruens......	id est iratus.
I, 3, Const. 10,	v° quod geritur.	id est quod factum est.
	v° violenta.....	id est crudelis.
	v° flagitari.....	id est constringi.
I, 3, Const. 25,	v° diversi......	id est multi.
I, 11, Const. 6,	v° abusi.......	id est male usi.
I, 12, Const. 1,	v° simulant....	id est fingunt.
II, 6, Const. 6, § 1.	v° coniventia...	id est deceptio.

MS. de Pistoie.

Glose n° 655	sceleris........	id est peccati.
657	impunitatem...	id est sine pena.
675	conflictum.....	id est belum.
677	marte.........	est bellum.
683	intercessor.....	id est deprecator.
691	velox..........	id est statim.
758	quondam......	id est aliquando.

(2) La glose 695 du MS. de Pistoie se retrouve parmi les définitions que M. Conrat a extraites de glossaires anciens (*Glossarium juridicum* à la suite de l'*Epitome Exactis*, p. 190, v. *Elogium*). La glose 897 est tirée des Étymologies d'Isidore, V. cap. 26, v° *Pervasio*, etc.

tion grammaticale, qu'on ferait faire par un écolier d'une de nos classes élémentaires de quelque coutume française du XVIe siècle. C'est tout au plus de la grammaire, ce n'est pas du droit.

Restent les scolies proprement dites. Elles se composent de deux éléments; des définitions empruntées à des auteurs anciens, Isidore, Alcuin, etc. ou à des glossaires; de simples sommaires qui reproduisent souvent les mots mêmes du texte. Je demande à tout esprit non prévenu, pourvu qu'il veuille comparer les sommaires avec les textes qu'ils résument, s'il y a là rien qui ressemble à une œuvre de jurisconsulte. Toute vue d'ensemble, toute déduction théorique, tout rapprochement fécond avec d'autres parties des collections justiniennes font défaut. Il est vrai que trois passages du Digeste sont cités; mais la pénurie même de ces citations prouve déjà qu'elles n'ont pas été puisées directement à la source, ou qu'elles ont été ajoutées après coup. Et, en effet, de ces trois passages, l'un est dans Isidore, l'autre circulait évidemment avec des *excerpta* (1), et le troisième figure parmi les gloses explicatives de mots. En outre les deux derniers sont dans les scolies les plus récentes, dans les scolies qui ne remontent pas au delà de la fin du XIe siècle (2).

(1) Il se retrouve en partie dans les *Excerpta* du MS. Barrois 285 (latin 4719²) et dans ceux du MS. latin 4422 (*infrà*, Appendice II, nos 31 et 32).

(2) Le troisième passage n'existe pas dans le MS. de Paris (latin 4516); le second est une glose que M. Chiappelli lui-même date du XIe siècle.

§ IV.

Sommaires, scolies et gloses de l'Epitome des Novelles (Julien).

L'Epitome de Julien, dont la rédaction paraît tomber entre les années 551 et 554, supplanta presque entièrement les Novelles en Occident, jusqu'à l'arrivée des glossateurs. Parmi les travaux dont il fut l'objet il faut distinguer les scolies anciennes, les sommaires des chapitres et les gloses.

I. *Scolies anciennes* (1).

Elles se rencontrent dans trois MSS. (2) dont l'un, celui de Paris, remonte au VIIIe-IXe siècle. Pithou les attribuait à Julien lui-même et l'on s'accorde à les considérer comme lui étant en tout cas de très peu postérieures (3). Je n'ai donc pas à m'y arrêter ici; j'en reparlerai plus loin (4).

(1) Publiées par Haenel, *Juliani Epitome,* p. 178-184.

(2) MS. Paris, Bibl. nat. lat., 4568 (VIIIe-IXe siècle), — MS. de Milan (IXe siècle), — 1re partie du MS. d'Udine (Xe siècle).

(3) Haenel, p. XLVII.

(4) *Infrà,* p. 72.

II. *Sommaires des chapitres.*

Haenel les a publiés (1) d'après le MS. de Vienne (xe siècle) et un autre MS. qui lui appartenait (MS. Haenel I) (xe siècle). M. Fitting veut y découvrir « une tendance à dégager les principes généraux des prescriptions particulières qui les renferment, tendance qui est le signe infaillible du travail scientifique (2) ». On serait alors savant à bon compte. Tout abrégé, tout sommaire, si barbare qu'il fût, serait une œuvre scientifique, puisqu'il est nécessairement conçu en termes plus généraux que le texte qu'il résume. Pour frustes et barbares, ces sommaires le sont, en la forme comme au fond : « *Barbaro quidem sermone concepta,* dit, à juste titre, Haenel, *et insulse* (3) ». Leur auteur s'est borné à condenser tant bien que mal le texte de Julien. Du reste, c'est à peine si son travail rentre dans notre période car il date selon toute vraisemblance de la fin du vi^e siècle.

III. *Gloses.*

La plupart des gloses que contiennent les MSS. de Julien sont de l'école de Bologne. Elles se trouvent

(1) Haenel, p. 208-217.
(2) *École de Bologne,* p. 74.
(3) Haenel, *Juliani Epitome,* p. LI.

dans des MSS. du courant ou de la fin du XIIIe siècle [1] et Haenel les a réunies à part dans son édition [2]. Quelques-unes seulement se rencontrent dans des MSS. plus anciens, le MS. de Vienne (fin Xe siècle), le MS. de Verceil (X^e-XIe siècle), le MS. Haenel I (Xe siècle), et le MS. de Cologne [3]. Ici encore il faut distinguer. Le dernier de ces MSS. est le plus riche en gloses; or, c'est le mêne MS. de Cologne dont j'ai parlé à propos des gloses des Institutes et que M. Krüger date du XIIe siècle [4]. Ses gloses doivent être postérieures aux glossateurs; tout au plus pourrait-on les faire remonter avec quelque apparence de raison aux écoles lombardes du XIe siècle [5]. Quant aux gloses des autres MSS., qui presque toutes sont fournies par le MS. Haenel I, elles se réduisent à des définitions tirées de glossaires [6] ou visent manifestement la pratique judiciaire [7].

(1) MS. Paris, Bibl. nat. lat., 4566 (fin XIIIe siècle). MS. Haenel II (XIIIe siècle). MS. Madrid, D. 23 (fin XIIIe siècle).

(2) Haenel, p. 219-225.

(3) Publiées par Haenel, p. 218-219, et quelques-unes du MS. de Cologne par Cramer, *Zeitschrift für gesch. Rechtswiss,* t. VIII, p. 144-146.

(4) *Suprà*, p. 69.

(5) Voyez, par exemple, la glose « substitutos non habeat » où apparaissent les noms caractéristiques *Petrus* et *Martinus* (Cramer, *loc. cit.*, p. 145).

(6) Voyez les définitions « *yconomos, ergasteria* », etc.

(7) Qu'on lise, pour s'en convaincre, les seules gloses un peu développées, celles des chap. 324-328 (Haenel, p. 218-219).

§ V.

Sommaires et gloses du Code Théodosien.

Le Code Théodosien a eu dans les pays où la législation de Justinien ne l'a pas abrogé un sort analogue à celui des Novelles. Il a été supplanté presque entièrement par un abrégé, par le Bréviaire d'Alaric. On ne peut donc s'attendre à en trouver commentaires ou sommes. De fait, les seuls sommaires anciens que nous en ayons remontent à une époque antérieure à Justinien (1) et nous n'avons pas de MSS. glosés du Code Théodosien. Toutefois certains livres étaient d'une importance capitale pour le clergé et l'on comprend sans peine qu'ils aient pu garder leur intérêt à côté du Bréviaire : tel est notamment le XVIe. J'ai trouvé, en effet, dans un MS. de la Bibliothèque nationale (2), à la suite de collections canoniques, ce livre XVI et quelques autres extraits du Code Théodosien accompagnés de gloses marginales. Le MS. est du IXe ou Xe siècle, les gloses sont de la même époque et de mains peu différentes. Elles émanent évidem-

(1) Publiées par Haenel, *Antiqua summaria ex codice Vaticano* (Leipzig, 1834). — Nouv. éd. par C. Manentius dans *Studi Senesi* III (1887), p. 259 et suiv. — Sur l'âge antejustinianéen, voyez Krüger, *Geschichte der Quellen u. Litt. des Röm. Rechts* (1888), p. 298.

(2) MS. lat., 12445, f° 187 et suiv.

ment d'un clerc et elles démontrent une fois de plus combien était rudimentaire, on peut dire nulle, la science juridique d'alors. La glose n'est rien autre qu'un memento, un bref sommaire que la seule lecture du texte suggérait [1].

§ IV.

Sommaires et gloses du Bréviaire d'Alaric.

Un certain nombre de MSS. plus ou moins complets du Bréviaire d'Alaric sont glosés. Mais deux d'entre eux méritent vraiment de fixer l'attention, les MSS. Paris, Bibl. nat. latin. 4413 et Lyon, Bibl. municipale.

Les autres MSS. sont plus récents et ils ne nous offrent, en fait de gloses marginales [2], que des définitions extraites d'Isidore, de Boèce, de Festus, de Paul Diacre, etc. [3], ou tirées de glossaires anciens, tout au plus quelques sommaires qui ne supposent

(1) Appendice IV, *infrà*, p. 153 et suiv.

(2) Publiées par Haenel, *Lex Romana Visigothorum*, p. 459-461.

(3) Haenel est loin d'avoir indiqué toutes les sources. La définition suivante, par exemple, du Bréviaire (MS. Vatican) : « Contractus est emtio vel venditio vel rerum commutatio ex convenientia veniens », est tirée d'Isidore. Nous la retrouverons dans les gloses de la *Lex canonice compta* et dans un glossaire du xe siècle de la Bibliothèque nationale (latin 7642).

aucune connaissance technique. Leurs gloses interlinéaires sont insignifiantes à en juger par le MS. du xe siècle qui appartenait jadis à la Bibliothèque d'Orléans (Aurel., n° 207) et qui est aujourd'hui à la Bibliothèque nationale (nouv. acq. lat. 1631)(1). Autrement en est-il des deux MSS. de Lyon et de Paris.

Celui de Lyon est du ixe siècle(2). Il contient outre le texte complet du Bréviaire une *Expositio* et des gloses marginales. L'*Expositio*, en général bien faite mais sans originalité, consiste en des sommaires des divers livres, puis des titres; elle comprenait peut-être aussi une introduction au Code Théodosien qui est perdue, car il s'y trouve une introduction mutilée aux Novelles. L'auteur semble avoir connu le Code de Justinien, peut-être aussi possédait-il Gaius et Paul dans leur intégralité. Tout porte à placer son travail au vie ou au viie siècle.

Le principal intérêt des gloses(3) réside dans les renseignements historiques et géographiques qu'elles fournissent et qui dénotent chez leur auteur une érudition classique assez étendue. Juridiquement elles n'ont pas de valeur. Le glossateur se borne en géné-

(1) Il avait été dérobé par Libri et avait passé dans la Bibliothèque Ashburnham d'où la Bibliothèque nationale vient de le récupérer.

(2) Voyez sur ce MS., Haenel, *Zeitschrift für gesch. Rechtswissenschaft*, t. VIII, p. 357 et suiv. — *Lex Romana Visigothorum*, p. xxviii-xxix, etc.

(3) Publiées par Haenel, en partie au bas du texte, en partie à la suite de son édition, p. 461-462.

ral à colliger des définitions traditionnelles (1). Ses explications sont ou purement grammaticales (2) ou empruntées à l'*Interpretatio* (3).

La glose du MS. de Paris, latin 4413, me paraît avoir, au point de vue juridique, plus d'importance que celle du MS. de Lyon. Haenel est loin de l'avoir publiée tout entière, il n'a guère donné que les gloses marginales (4) et encore incomplètement. Il y a mêlé un petit nombre des gloses interlinéaires. Celles-ci sont très nombreuses. Beaucoup, il est vrai, sont de simples synonymes ou des termes explétifs mais d'autres sont juridiques. J'ai copié ces dernières et je les publie en Appendice (5).

Haenel a eu le tort aussi de prétendre que le MS. n'est que du xe siècle (6). S'il s'était livré à un examen paléographique plus soigneux il se serait convaincu par la forme de certaines lettres (l'*a* ouvert par exem-

(1) Je cite comme exemple la glose « Repetundarum accusatur... » Cod. Théod., IX, 21 (éd. Haenel, p. 195), qui se trouve identique dans le glossaire de Salomon (VIIIe-IXe siècle), d'où M. Conrat l'a extraite (*Gloss. jurid.*, v° *Repetundarum*).

(2) Glose v° *Mancipium*. Qui servabantur ad triumphum... *Inde saltem conjunctio facta per sincopem.*

Glose v° *Subjecta*. Suppositum. *Subjecta* res est quæ in dicto necessario trahitur... Ut si dicas hominem, bipedes advertis : si dicis servum dominum intendis...

(3) Ainsi la glose « Hæc lex » Cod. Theod., IV, 12 (éd. Haenel, p. 121), est un résumé de l'*Interpretatio* sur le même titre.

(4) *Lex Romana Visigoth.*, p. 462-463.

(5) Appendice V, *infrà*, p. 157 et suiv.

(6) Haenel, p. LXV.

ple) et par les ligatures, que l'écriture est du IXe siècle et que rien n'autorise à suspecter la mention finale où le scribe date lui-même son œuvre de l'an 833 (1). Il me suffira d'ajouter que l'opinion de Haenel a contre elle l'autorité si imposante de M. Léopold Delisle (2).

L'écriture de beaucoup des gloses marginales est contemporaine de celle du texte; d'autres, comme aussi les gloses interlinéaires, sont d'une main un peu postérieure, d'une main qui paraît de la fin du IXe ou du commencement du Xe siècle; mais cette main n'a fait que transcrire des gloses tirées d'ailleurs. Souvent, en effet, le copiste ne comprend pas ce qu'il écrit ou bien il ne donne pas à la glose sa véritable place.

Si, après la forme, nous considérons le fond, il est

(1) Voici cette suscription qu'Haenel a transcrite sans exactitude. Quelques mots malheureusement ont été rendus illisibles par la noix de galle.

Ego Ragenardus clericus Esau rogante hunc librum scripsi sub tempore Chludowico imperatoris anno XVIIII imperii sui et sub tempore Erimberto urbis Baiocas episcopo et..... (etate? etenim et?) Johanni Duos-Gemellis abbate et hujus provintie H..... comite. Hoc primum (?) fuit tunc tempore pubertatis predicto Esau (f° 157 r°).

La dix-neuvième année du règne de Louis le Débonnaire va du 28 janvier 832 au 27 janvier 833. — Erimbertus, Ermbertus, Harimbertus est mentionné comme évêque de Bayeux de 835 à 837 (Gallia Christ., XI, p. 351).

Le monastère des Deux-Jumeaux, au diocèse de Bayeux (canton d'Isigny), fondé au VIIIe siècle, fut ravagé au IXe par les Normands.

(2) Cabinet des MSS. T. III, p. 253.

impossible de dénier à un grand nombre de ces gloses une valeur juridique. Toutefois ce n'est pas avec le droit romain que le scoliaste est familier. Il s'en montre au contraire singulièrement ignorant et par la faible part qu'il lui fait et par les méprises qu'il commet. Pour lui Paul est un législateur et la *nuncupatio* un codicille (1). Ce qu'il connaît mieux ce sont les livres saints (2), ce qu'il connaît bien c'est le droit germanique, ou plus exactement le droit qui s'était constitué dans la pratique par le mélange de ce droit avec le droit romain. A ce point de vue, il y aurait des rapprochements à faire entre cette glose et les *Exceptiones Petri*, et il ne serait pas invraisemblable que certains chapitres de Petrus, où le droit germanique domine, eussent été empruntés à quelque exemplaire glosé du Bréviaire ou des lois barbares.

Quoi qu'il en soit de ce point qu'il me suffit de signaler en passant, les gloses des MSS. de Paris et de Lyon ne dénotent pas une connaissance du droit romain plus étendue que celle qui ressort de l'examen fait par Savigny des lois germaniques et des capitulaires. Elles prouvent seulement, comme la compilation de *notæ juris* offerte par l'évêque de Sens, Magno, à Charlemagne (3), comme le fait même de la

(1) Voyez gloses 26 et 29, *infrà*, p. 161.

(2) Voyez glose 9, *infrà*, p. 158.

(3) C'est une simple compilation faite à l'aide de deux recueils anciens, dont l'un existe encore à la Vaticane et dont l'autre est perdu. Elle a été offerte par Magno (archevêque de Sens, 801-818) à Charlemagne comme en fait foi ce distique mis en tête :

transcription en l'an 833 dans un couvent de Normandie du Bréviaire d'Alaric, comme enfin les citations juridiques que Savigny a signalées dans les écrits de l'époque carlovingienne (1), dans Hincmar surtout, qu'il y a eu sous l'impulsion du grand empereur un réveil passager des études de droit comme des autres études. Charlemagne paraît en avoir compris la nécessité pour lui-même et pour ses fils (2); mais de là à une étude savante, à une science, surtout à une science du droit romain, la distance est longue (3). Les gloses du MS. latin 4413 en fournissent un témoignage concluant : elles prouvent qu'on ne voyait, qu'on ne connaissait le droit romain qu'à travers la pratique et le droit germanique (4).

« Hæc juris σημεῖα libens rex accipe Carle,
Offert devotus quæ tibi magno tuus ».

Voir l'édition donnée par M. Mommsen dans les *Grammatici latini* de H. Keil. T. IV (Leipzig, 1864), p. 285 et suiv.

(1) *Geschichte des Röm. Rechts im Mittelalter,* II, p. 279 et suiv.

(2) Cf. les passages de Theganus et d'Alcuin, cités par M. Fitting, *École de Bologne*, p. 22-23 et p. 15.

(3) Voyez la note suivante.

(4) Hors de là il n'y avait que la rhétorique ou la grammaire (Voyez *infrà*, p. 104 et suiv.). C'est à la rhétorique que Charlemagne aurait, suivant Alcuin, demandé à être initié afin de mieux pouvoir résoudre les questions épineuses qui s'offraient journellement à lui : « Propter occupationes regni et curas palatii in hujusce modi (civilibus) quæstionibus assidue nos versari solere, et ridiculum videtur *ejus artis* (*rhetoricæ*) nescisse præcepta, cujus cotidie occupatione involvi necesse est ».

CHAPITRE II.

DROIT ROMAIN DANS SES RAPPORTS AVEC LE DROIT CANONIQUE.

I. *Compilations.*

L'organisation de l'Église avait été réglementée par les empereurs romains depuis Constantin. Leurs lois sur cet objet formaient des éléments constitutifs du droit canonique. En outre, le clergé avait tout avantage à se placer sous l'égide de la législation romaine, plus perfectionnée, plus tutélaire que les lois des envahisseurs germains. En tant que corps et pour ses membres individuellement, l'Église revendiqua la loi romaine pour sa loi personnelle, et les conquérants barbares la lui reconnurent. De même donc que les canons, les dispositions du droit romain intéressant l'Église ou les clercs furent réunis, compilés, pour l'usage quotidien.

Ces compilations restèrent d'abord distinctes des collections de canons; plus tard, elles se fondirent avec elles.

Dans la première catégorie, se rangent les extraits de lois romaines que M. Maassen a retrouvés dans un MS. de Milan du xe siècle et qu'il a appelés *Excerpta Bobiensia* (1), puis la *Lex Romana canonice compta* que nous a conservée le MS. latin 12448 de la Bibliothèque nationale (IXe-Xe siècle), et dont je m'occupe plus loin.

Dans la seconde, rentrent les collections suivantes. Je ne cite que les plus notables :

1° *Collectio canonum Anselmo dicata* (inédite) (2), née en Lombardie, de 883 à 897, où sont mis à contribution les Institutes, le Code, Julien et les Novelles.

2° *Collectio canonum Abbonis Floriacensis* (3) (France). Abbon de Fleuri est mort en 1004. Sa collection contient des fragments du Bréviaire d'Alaric et de Julien.

3° *Burchardi Wormatiensis Decreta* (4) (Allemagne) (1012-1022). Quelques passages du Bréviaire d'Alaric et de Julien.

4° Trois collections vaticanes inédites, l'une du IXe-Xe siècle, en neuf livres (MS. Vatican, n° 1349) ; l'autre du XIe siècle, en douze livres (MS. Palat., n° 584);

(1) Maassen, *Bobienser Excerpte des Römischen Rechts* (Vienne, 1864), et *Geschichte der Quellen und der Litt. des canon. Rechts*, t. I (Gratz, 1870), p. 896 et suiv.

(2) MSS. Bibl. nat. lat. 15392, lat. 16089.

(3) Migne, *Patrologie latine*, t. 139, p. 471 et suiv.

(4) Migne, *ibid.*, t. 140, p. 538 et suiv.

la dernière de la même époque, en cinq livres (MS. Vatic., n° 1339), qui, toutes trois, ne renferment que des extraits de Julien (1).

5° *Collection d'Anselme de Lucques* (inédite) (2) (Toscane), antérieure à 1086, comprend des fragments du Code Théodosien, des Institutes, du Code, de Julien et des Novelles.

6° *Collection du cardinal Deusdedit* (3) (Italie), fin du XIe siècle. Les Institutes, le Code, les Novelles et Julien sont utilisés.

7° *Collectio Cæsaraugustana* (inédite) (4) (Patrie inconnue), fin du XIe siècle. Textes des Pandectes, des Institutes, du Code, de Julien. La plupart des fragments des Pandectes sont tirés du *Digestum vetus*, un seul est pris dans le *Digestum novum*.

8° *Collectio trium partium* ou *tripertita* (Savigny l'appelle *Collectio Anonymi Sæc. XI*) (5) (Patrie inconnue), fin du XIe siècle. La compilation est ainsi formée : 1re partie, Décrétales par ordre de date. 2e partie, Canons des Conciles. 3e partie, Fragments des Pères et fragments de droit romain. Ceux-ci se composent d'extraits des Pandectes (*Digestum vetus*,

(1) Voir Savigny, *Geschichte*, II, p. 298; Merckel, dans t. VII de Savigny, p. 72-73.

(2) MSS. Bibl. nat. lat., 12450-12451.

(3) Une édition d'ensemble mais très défectueuse a été donnée en 1869 par M. Martinucci (voyez Viollet, *Revue critique d'histoire et de littérature*, n° du 14 sept. 1872).

(4) MS. de Saragosse, MSS. Bibl. nat. lat., 3875-3876.

(5) MSS. Bibl. nat. lat., 3858, 3858^a, 3858^b, 4282.

un seul texte du *Digestum novum*) des Institutes, du Code, de Julien, du Bréviaire d'Alaric.

9° *Collection de Décrétales du British Museum* (1) (inédite) (Italie?), (fin du XIe siècle). Textes des Pandectes et des Institutes.

10° *Collections d'Yves de Chartres* (2). C'est un problème qui ne me paraît nullement résolu encore que l'attribution à Yves de Chartres du *Decretum* et même de la Panormie. Ces collections, en tout cas, ne sont pas antérieures à la fin du XIe siècle ou au commencement du XIIe. Elles ont été formées avec des extraits des Pandectes (*Digestum vetus,* un seul fragment du *Dig. novum*), des Institutes, du Code, de Julien et du Bréviaire d'Alaric.

Tous les travaux que je viens d'énumérer sont de simples compilations. Les textes sont enfilés bout à bout, sans véritable ordre, sans méthode rigoureuse. Souvent ils sont tronqués, démembrés, corrompus. La *Lex Canonice compta* n'échappe pas à cette règle. Bien que le compilateur se soit tracé le programme de réunir tous les textes de sources diverses utiles aux clercs, bien qu'il sente la nécessité de s'excuser de n'avoir pas suivi l'ordre des titres et des lois (3), il

(1) MS. British Museum, 8873. Voyez Conrat, *Der Pandekten- und Institutionenauszug der Britischen Dekretalensammlung* (Berlin, 1887).

(2) Migne, *Patrologie,* t. 161.

(3) M. Maassen a donné (*Geschichte der Quellen u. Lit. des can. Rechts*, p. 888), l'avertissement initial du compilateur, il a omis la

n'est pas parvenu à grouper logiquement les documents qu'il avait glanés de ci de là. M. Fitting lui a fait un mérite d'avoir connu et utilisé des scolies de Julien. Il y a vu une preuve d'érudition à l'honneur de son époque (1). L'argument n'est pas heureux. Il est vrai que le compilateur a transcrit dix scolies sur Julien (2) mais en le faisant il n'a prouvé qu'une chose, son ignorance du droit romain. Il a en effet confondu ces scolies avec le texte des Novelles (3)!

II. *Gloses des compilations.*

Le MS. 12448 qui contient la *Lex Romana canonice compta* est glosé. Cette circonstance n'a pas, je crois, été relevée : si elle l'avait été il est probable qu'on y aurait vu un nouveau témoignage de l'activité scienti-

note finale qui le complète. Voici les deux d'après le MS. de la Bibl. nationale, jadis Saint-Germain 386, aujourd'hui latin 12448.

Au début (f° 79 du MS.) : « Incipiunt cum sententiis capitula Romanæ legis ad canones pertinentia. Quod hujus romanæ legis tituli præposteri ponuntur et mixti, ne studeas lector mirari, quoniam non numerorum sed sententiarum ac rerum attenditur ordo ».

A la fin (f° 123) : « Explicantur legis Romanæ capitula cum sententiis suis. Non mireris lector quod hujus legis capitula tam præpostere sunt posita quum de legibus diversissimis atque codicibus sumpta ».

(1) *École de Bologne*, p. 54.

(2) De ces dix scolies, neuf se retrouvent dans la *Collectio Anselmo dicata*. M. Fitting invoque aussi cette circonstance : elle est sans intérêt, car il est avéré que la *Lex Romana canonice compta* est une source de cette collection.

(3) Voyez Maassen, *loc. cit.*, p. 893 et *infrà*, Appendice VI, n° 10.

fique de la période qui nous occupe. Pour dissiper par avance tout malentendu ou toute méprise, je publie plus loin ces gloses (1). Leur écriture est la même que celle du texte; elle date donc du IXe ou du Xe siècle. Au fond, ce sont de simples résumés, de simples *indices,* comme tout clerc un peu instruit pouvait aisément les écrire, au courant de la plume.

Les gloses de droit canonique de l'époque carlovingienne publiées par M. Maassen (2) ne dénotent pas davantage chez leur auteur la connaissance du droit romain. Je me demande même comment M. Fitting a pu les invoquer à l'appui de sa thèse. Ce ne sont pas, en effet, des gloses sur des lois romaines, mais sur la collection purement canonique de Denys le Petit et d'Adrien (*Dyonisiana-Hadriana*). Tout se réduit à quelques faibles traces de droit romain que M. Maassen y a signalées et que voici.

Sur le canon 16 du Concile de Carthage : v° *Procuratores :* « Procurator est, cui per mandatum causa committitur (3) ».

Sur le chap. 52 des Décrets d'Innocent : « Spurius dicitur qui ex nobili patre et ignobili matre genitus est; nothus autem qui ex ignobili patre et nobili matre (4) ».

(1) Appendice VI, *infrà*, p. 167 et suiv.

(2) *Glossen des canonischen Rechts aus dem Carolingischen Zeitalter* (Vienne, 1877).

(3) *Glossen*, p. 47.

(4) *Glossen*, p. 52.

Sur le même chapitre : « Herciscundæ est divisio hereditatis inter heredes. Erces enim apud veteres divisio nuncupabatur (1) ».

Ces trois gloses sont-elles l'œuvre personnelle du scoliaste? nullement; il s'est borné à les copier ailleurs. La première est tirée textuellement de l'*Interpretatio* du Bréviaire d'Alaric (C. Théod. II, 12, 7) (2). Les deux autres sont des définitions traditionnelles qui passaient de gloses à gloses, de glossaires à glossaires, mais souvent en s'altérant, comme il est arrivé ici. La définition du *spurius* existe dans les gloses du IXe siècle sur le Bréviaire d'Alaric (MS. latin 4413) (3), on la retrouve dans un glossaire du IXe siècle (latin 7643) (4) qui lui-même concorde en général avec un glossaire du Xe (latin 7642) dont nous n'avons malheureusement que des fragments. La définition du *nothus* comme celle du *spurius* circule encore dans les glossaires du XIVe siècle (5). L'une et l'autre dérivent d'Isidore (6). Même phénomène pour la définition d'*herciscundæ*. Elle a sa source dans Isi-

(1) *Ibidem.*

(2) *Lex Romana Visigoth.*, éd. Haenel, p. 48.

(3) Appendice V, n° 60, *infrà*, p. 165.

(4) Appendice VII, 5°, *infrà*.

(5) Glossaire, MS. Bibl. nat. lat., 7657.

(6) Isidore, *Etymolog.*, IX, 5, n°s 23-24 (Migne, t. 82, col. 356). *Nothus* dicitur qui de patre nobili et matre ignobili gignitur..... Huic contrarius est *spurius* qui de matre nobili et patre ignobili nascitur.

dore[1]; nous la rencontrons parmi les gloses sur le Bréviaire [2] (xe siècle) du MS. de la Bibliothèque nationale, nouv. acq. latin. 1631, et exactement sous la même forme que dans les gloses de Maassen dans les deux glossaires latins 7642 et 7643 [3].

Ces rapprochements nous font saisir sur le vif le procédé des glossateurs de cette époque. Leur œuvre est une pure marqueterie.

A vrai dire, ce n'est que dans les collections de la fin du xie siècle, dans la *Tripertita*, dans la *Collectio Cæsaraugustana*, dans les collections attribuées à Yves de Chartres, dans le libelle aussi de *Petrus Crassus* [4], dont on a tant surfait la valeur, que se sent une plus grande connaissance des sources. C'est alors seulement que le Digeste commence à être employé. Je n'ai pas à rechercher si ces collections ont puisé l'une dans l'autre, à des sources communes ou direc-

(1) Isidore, *Orig.*, V, 25, 9 : « Familia berciscunda est divisio hereditatis inter heredes. Herciscunda enim apud veteres divisio nuncupatur ».

(2) Fo 61 : « Erciscunde antiqui dividere dicebant. Unde et familiæ erciscunde dicta divisio hereditatis inter heredes ».

(3) Appendice VII, 4o et 5o.

(4) M. Conrat a montré que l'emploi des lois romaines par l'auteur de ce libelle est de la sophistique pure (*Epitome exactis*, p. cxxxv). Le seul intérêt de son écrit est dans l'étendue de ses informations, dans l'appareil de textes dont il dispose. Voyez l'indication des sources dont il s'est servi dans Maassen : *Ueber eine Sammlung Gregor's I von Schreiben und Verordnungen der Kaiser und Papste* (Vienne, 1877), p. 5 et suiv.

tement dans le Digeste; un point est certain, et cela me suffit; c'est qu'elles sont toutes à peu près de la même époque, la fin du XIe siècle ou le commencement du XIIe, et qu'elles révèlent ainsi par leur contraste avec les collections antérieures qu'un grand progrès s'est accompli, qu'une renaissance juridique est en cours de s'opérer, que le vaste champ des lois romaines, si longtemps délaissé et inconnu, s'anime; qu'on l'explore, qu'on le défriche, et que chacun à l'envi s'efforce d'y creuser des sillons (1).

(1) A Rome même, le droit romain ne redevint droit territorial que vers 1038. Constitution de Conrad II (Pertz, *Monum.*, *Leges*, IV, 638), sur l'authenticité de laquelle Savigny avait émis des doutes (*Geschichte*, I, p. 164) que la science n'a pas ratifiés (voyez Merckel, t. VII de Savigny, p. 3 et Ficker, *Forschungen zur Reichs- und Rechtsgesch. Italiens*, t. III, p. 92.

CHAPITRE III.

DROIT ROMAIN DANS SES RAPPORTS AVEC LE DROIT LOMBARD ET LE DROIT FÉODAL.

Le droit des conquérants lombards, grâce à l'étendue et à la durée de leur domination, s'était implanté ou infiltré dans toutes les régions de l'Italie. Dans les pays qui avaient fait partie de l'exarchat, à Rome, à Pérouse, à Ravenne, à Bologne, comme dans ceux où Byzance maintint, même après le VIIIe siècle, son autorité nominale ou réelle, à Naples, à Amalfi, ce droit avait pénétré comme un droit personnel. Réciproquement, le droit romain s'était répandu ou conservé, grâce à la personnalité des lois, dans les pays soumis par les Lombards. Les deux droits vécurent ainsi côte à côte, et ils s'influencèrent d'autant plus qu'étant tous deux droits personnels et coutumiers, ils étaient sujets également à une facile déformation.

Ce mélange, cet amalgame du droit romain et du droit lombard s'est accompli, on le conçoit, dans des proportions variables, suivant que leur importance locale se faisait plus ou moins équilibre. Dans le nord de l'Italie où les justiciables des deux droits étaient nombreux, les mêmes juges décidaient en droit romain et en droit lombard et transportaient ainsi termes et règles juridiques de l'un des droits dans l'autre. Ailleurs, à Pérouse ou à Rome, la pratique romaine se conservait plus pure.

La déformation ne s'arrêta pas là. Sur les droits romain et lombard vinrent se greffer le droit féodal et le droit franconien.

Quels sont les travaux sortis de cette combinaison d'éléments hétérogènes? Je passerai en revue ceux que l'on peut faire remonter avec quelque certitude jusqu'au XIe siècle (1).

I. *Quæstiones et monita* (2).

Nul doute que ce ne soit une œuvre de simple praticien du XIe siècle. La forme est détestable, le fond est un *vade-mecum* à l'usage des hommes de loi. Il se compose de solutions sur des cas douteux, entremêlées de formules de procédure ou d'art notarial et de tableaux récapitulatifs (sur les successions, les divers âges, les cas de combat judiciaire). La trame juridique est lombarde, mais elle est brochée de droit romain sous forme de réminiscences des Institutes, des Novelles et même des Pandectes (3).

(1) J'ai dit plus haut (p. 59-60) pourquoi je ne parle ici ni des *Exceptiones Petri* ni du *Brachylogus*.

(2) Walter, *Corpus juris germ.*, III, p. 750-756; Boretius, *Mon. Germ.*, *Leges*, IV, p. 590-594; Padelletti, *Fontes juris italici medii ævi*, I, p. 463-471.

(3) Ces divers textes ne sont pas cités directement, pas même de seconde main, mais par l'intermédiaire évident d'une pratique traditionnelle. Ils sont tronqués et amalgamés.

II. *Constitutions fictives.*

Cramer les a trouvées dans le MS. de Cologne dont il a été plusieurs fois question : Klenze les a publiées (1). A l'inverse des *quæstiones et monita*, le droit romain en fait le fond, le droit lombard n'apparaît qu'à la surface, dans la terminologie. Mais le caractère général reste le même : il est pratique, il n'est pas théorique. Ces prétendues constitutions de Justinien sont formées, l'une en majeure partie de lambeaux des Institutes et du Code cousus bout à bout, l'autre de formules judiciaires afférentes aux actions dont traitent les Institutes. Si ce pastiche est, comme on l'a prétendu, une œuvre d'école, il démontre à quel point l'enseignement du droit romain se traînait terre à terre.

III. *Walcausina.*

Nous voici reportés en plein droit lombard. Le texte du *Liber Papiensis* est remanié, interpolé, glosé à l'aide de formules lombardes, de décisions de jurisconsultes ou de juges, et de quelques allusions à des textes des Institutes, des Novelles et du Code. C'est le produit d'une école où la pratique lombarde tenait infiniment plus de place que le droit romain, et où

(1) *Zeitschrift für geschichtl. Rechtswiss*, t. VIII (1832), p. 243-262.

celui-ci ne semble même avoir pénétré que par l'intermédiaire de la rhétorique (1) et dans le but de circonscrire dans ses vraies limites la loi lombarde.

Sa date approximative est le milieu du XIe siècle (2).

IV. *Expositio ad Librum Papiensem.*

Ce commentaire étendu sur le *Liber Papiensis* réalise un incontestable progrès. La discussion juridique y devient plus abondante et plus nourrie. Sans doute, c'est toujours l'application du droit lombard, la combinaison des textes sur lesquels il repose, qui sollicitent par-dessus tout les efforts du scoliaste; sans doute aussi la pure dialectique et l'interprétation grammaticale tiennent trop souvent lieu de la véritable exégèse. Mais le droit romain gagne en dignité et en importance. Il n'est plus seulement un droit personnel, il commence à devenir la raison écrite, la loi générale à laquelle on doit recourir dans le silence des lois particulières (3). On ne se contente plus aussi

(1) Walcausus était un rhéteur. Les hexamètres placés en tête de son œuvre nous l'apprennent :

... Loquitur nunc pagina sensum
Edicti, rectis quod strinxit *rhetor* habenis
Walcausus meritus, quem laudat scriba disertus.
(Lib. Papiensis Mon. Germ., *Leges*, IV, p. 291.)

(2) M. Ficker la place vers 1034, et il considère même que la forme dans laquelle la Walcausine nous est parvenue est postérieure à cette année (*Forschungen*, III, p. 62).

(3) *Expositio*, ad cap. I, § 4 : « Dicitur quod hec lex nichil inde

d'indiquer par leur sens général certaines dispositions traditionnelles de droit romain; les textes sont cités, les Pandectes comme les Institutes, le Code et Julien.

L'*Expositio* paraît postérieure à 1070 (1). Elle est en tout cas de la seconde moitié du XIe siècle et peut être de la fin de ce siècle.

dicat, eundum est igitur juxta Romanam legem, *que omnium est generalis* » (Mon. Germ., *loc. cit.*, p. 291, col. 2, Padelletti, p. 38). Cette dernière formule est très fréquente.

(1) Boretius, *loc. cit.*, p. LXXXVIII et suiv., Ficker, *loc. cit.*, p. 64.

CHAPITRE IV.

CONCLUSIONS.

L'exploration à laquelle nous venons de nous livrer, à travers les sources manuscrites et imprimées, nous conduit aux conclusions suivantes :

1° Il n'existe pas, dans l'état actuel de nos connaissances, d'écrit sur le droit romain proprement dit ayant une valeur théorique, une valeur scientifique, qui soit une œuvre originale de la période du VIIe à la fin du XIe siècle.

2° Des fragments de lois romaines ont été transmis dans les collections canoniques, des dispositions de droit romain, plus ou moins comprises, se sont conservées par la pratique coutumière et ont influé sur le développement du droit germanique, notamment du droit lombard, mais tout se borne là jusqu'à la fin du XIe siècle. A ce moment, un progrès considérable se manifeste et dans les collections canoniques et dans la jurisprudence lombardo-franconienne. C'est dans le dernier tiers du XIe siècle, à partir des années 1070 ou 1080, que cette transformation s'opère.

Mais ne coïncide-t-elle pas alors avec la naissance de l'école de Bologne? n'est-ce pas à ce moment précis (en 1076) qu'apparaît dans une charte Pepo le précurseur d'Irnerius? Il nous reste à le montrer.

QUATRIÈME PARTIE.

L'ENSEIGNEMENT DU DROIT DU VIe A LA FIN DU XIe SIÈCLE.

Il était naturel, il était logique de conclure de l'existence d'une littérature et d'une science juridique à la persistance, à la continuité, de l'enseignement du droit. La conclusion paraissait s'imposer.

Du moment, au contraire, où le premier point de la thèse est réduit à néant, le second devient par lui-même infiniment douteux. Il me suffira de quelques observations, je l'espère, pour ramener à ses vraies proportions ce qui a été allégué dans cet ordre d'idées.

CHAPITRE PREMIER.

L'ÉTUDE DU DROIT, SIMPLE DÉPENDANCE DE L'ÉTUDE DES ARTS LIBÉRAUX.

Une grande confusion a été jetée sur le sujet parce qu'on a pris les témoignages de toutes mains et sans en limiter rigoureusement la portée. Tous les textes qu'on a invoqués, tous sans exception, ne parlent de l'enseignement du droit que comme d'une partie intégrante et accessoire de l'enseignement général, de l'étude des arts libéraux. Or qu'était-il, que pouvait-il être dans ces conditions?

Dans les documents du VIe au XIe siècle où se rencontre une mention de l'étude du droit les termes qui la désignent sont généraux et vagues (1); c'est à peine si deux ou trois fois le droit romain est visé (2); en

(1) V. *Mundanæ leges, leges sæculares*, etc. Voyez les textes cités par M. Fitting, *École de Bologne*, p. 13 et suiv., *Ueber die Heimat und das Alter des sog. Brachylogus* (Berlin, 1880), p. 23 et suiv.

(2) Vie de saint Didier, évêque de Cahors (629-654) : « ... legum romanorum indagationi studuit, ut ubertatem eloquii gallicani nitoremque gravitas sermonis romana temperaret ». — Vie de saint Bonet, évêque de Clermont-en-Auvergne (né vers 623) : « Grammaticorum imbutus initiis necnon Theodosii edoctus decretis... a sophistis probus atque prælatus est ». Voir aussi *infrà*, le passage d'Adelme.

outre cette étude est constamment rattachée aux études de grammaire ou bien de rhétorique (1).

La grammaire, c'était l'étude du latin dont la langue juridique formait une branche importante, indispensable notamment pour la lecture des orateurs. Cette langue, les glossaires en entretenaient l'intelligence, car les plus anciens d'entre eux, ceux qui firent fonction d'ancêtres, le *liber glossarum* par exemple d'Ansileubus, avaient été composés pour la partie afférente au droit à l'aide de textes juridiques et d'extraits d'Isidore. L'élève qui apprenait la grammaire acquérait donc du même coup certaines notions juridiques dont il pouvait se servir dans le cours ultérieur de la vie (2). Mais était-ce là, de près ou de loin, de

(1) Le droit canon est même seul mentionné parmi les connaissances dont Richer fait honneur au roi de France Robert : « Tanta industria atque sollertia clarum, ut et in rebus militaribus precelleret et *divinis ac canonicis institutis* clarissimus haberetur; liberalibus studiis incomberet, episcoporum etiam sinodis interesset et cum eis causas ecclesiasticas discuteret ac determinaret » (Richerii, *Histor.*, lib. IV, 13, éd. Waitz, p. 134).

(2) Il n'aurait pu les compléter qu'au prix d'un travail personnel de nature à rebuter les plus courageux. Le passage d'Adelme, abbé de Malmesbury, cité par M. Fitting (*École de Bologne,* p. 14, note *g*), montre avec évidence que, dès le VIIe siècle, celui qui voulait étudier d'un façon un peu approfondie les lois romaines était abandonné à lui-même, réduit à ses propres ressources, à sa seule sagacité personnelle. « Neque enim parva temporum intervalla in hoc lectionis studio protelanda sunt; ei dumtaxat qui *sollerti sagacitate legendi* succensus legum Romanorum jura *medullitus rimabitur* et cuncta jurisconsultorum decreta *imis precordiis scrutabitur* ».

la science? Comment le prétendre quand on connaît la pauvreté de plus en plus grande des glossaires à mesure que les siècles passent, et qu'on sait d'autre part que ces études étaient celles du premier âge. Les élèves qui étudient le *droit* avec la *grammaire* sont des enfants (1), des enfants dont l'âge moyen ne dépasse pas douze ans.

Pour la rhétorique, il en allait à peu près de même. Le droit rentrait dans le *genus judiciale* que Quintilien (2) déjà distinguait. A l'exemple donc de ce maître de l'art oratoire on avait dans les études de rhétorique fait une part à la discussion juridique. L'élève après avoir appris les rudiments de la langue du droit apprenait, sommairement aussi, à s'en servir. Et c'est ainsi que l'adolescent discute ou apprend à discuter. Il développera ensuite cette faculté, s'il le peut, en dehors de l'école; mais il ne saurait davantage être question ici de science juridique. Il n'y a qu'un jeu oratoire sur une lettre stérile, une dialectique toute à la surface, toute de subtilité et de sophis-

(1) Le biographe de Lanfranc fait très nettement la distinction entre l'enfance et l'étude de la grammaire et du droit, d'une part, de l'autre, l'adolescence et l'étude de la rhétorique : « *Ab annis puerilibus* eruditus est in scholis liberalium artium et legum sæcularium ad suæ morem patriæ. *Adolescens* orator veteranos adversantes in actionibus causarum frequenter revicit torrente facundiæ accurate dicendo » (Vita Lanfranci a Milone Crispino, cap. 5, Migne, *Patrol.*, p. 150, col 39). — De même Wipon, dans le passage invoqué par M. Fitting (*Ecole de Bologne*, p. 16) : « Hoc servant Itali *post prima crepundia* cuncti ».

(2) Quintiliani, *Orator. Instit.*, III, 9.

tique, sans préoccupation de former des jurisconsultes ou des légistes.

Veut-on s'en assurer, qu'on se reporte à Capella, qu'on voie comment le *genus judiciale* est traité dans ce livre si répandu au moyen âge et dont procède la division en sept arts (1).

En résumé, tous les témoignages produits ne démontrent qu'une chose, c'est que du VIIe au XIe siècle, les écoles des arts libéraux répandaient dans la société quelques notions juridiques, sommaires, imparfaites, stéréotypées.

(1) *De nuptiis Philologiæ et Mercurii et de septem artibus liberalibus* (éd. F. Kopp, Francfort, 1836), lib. V, §§ 461-466). Voici deux extraits : « Qui habuerit propinquos duos, unum Lesium nomine aliumque Milesium, heredemque constituens sic locutus est : heres esto milesi; qua distinctionis ambage certamen exortum, dum heres esto mi distinguit qui Lesius dicebatur, alius vero continua nominis jugitate Milesium dicit heredem ». ... « Finitiva superest quæstio de scripti ambiguitate demanans, quum aliquod verbum in lege vel testamento dubium est et definitione clarescit, ut : Nocte cum telo deprehensum liceat occidere; quendam cum fuste nocte deprehensum magistratus occidit; reus est cædis. Lege se quidem tuetur, sed telum quid sit inquiritur?... Quod quæstionis genus hoc a principalibus differt statibus, quia non de facto, unde orta causatio est, sed de scripti tantum definitione disquiritur ».

CHAPITRE II.

DE LA PRÉTENDUE EXISTENCE D'ÉCOLES DE DROIT EN FRANCE.

Il me semble démontré par ce qui précède que dans la période que nous étudions le droit proprement dit ne s'apprenait que par la pratique. Il n'y avait pas, sauf ce que nous avons à dire de l'Italie du XIe siècle, d'écoles de droit.

Aussi M. Fitting a-t-il fait de bien inutiles efforts pour prouver l'existence de pareilles écoles en France (1). Il n'a pu invoquer d'apparences de preuves que pour Orléans. Je dis apparences, j'aurais pu dire fantômes, car le plus simple examen les fait évanouir.

M. Fitting se fonde sur un passage bien connu (2) des miracles de saint Benoît et sur la bulle souvent citée de Clément V.

Le chroniqueur de Saint-Benoît-(Fleury)-sur-Loire raconte un procès engagé au IXe siècle entre son abbaye et l'abbaye de Saint-Denis. Un plaid se tient où siègent notamment, en qualité de *missi* du roi,

(1) *École de Bologne*, p. 43 et suiv., *Ueber die Heimat und das Alter des sog. Brachylogus* (1880), p. 35 et suiv.

(2) Savigny déjà l'avait discuté et écarté (*Geschichte*, I, p. 471).

l'évêque d'Orléans Jonas et le comte de Melun Donatus. Les parties sont représentées par des *magistri legum et judices*. La chronique n'indique pas où ce premier plaid s'est réuni, mais elle nous apprend que les juges qui le composaient ne connaissaient que la loi salique et non la loi romaine applicable à l'Église. Les *missi* transférèrent le *placitum* à Orléans où ils s'adjoignirent alors des juges de l'Orléanais et du Gâtinais.

M. Fitting tire argument des mots *magistri legum*. Il y veut voir la preuve de l'existence d'une école de droit à Orléans. Mais l'expression *magister* n'est-elle pas sans cesse employée au moyen âge pour désigner tout individu éminent dans une charge ou une profession quelconque? Il y a mieux, M. Fitting n'a pas remarqué que la qualification de *magistri legum* est donnée, non pas aux juges de l'Orléanais et de Gâtinais, mais aux personnages qui figurent dans le premier *placitum*, qui s'étaient montrés précisément incapables d'appliquer la loi romaine et qui paraissent avoir accompagné leurs parties à Orléans. Les juges de l'Orléanais et du Gâtinais, qui assistent au nouveau plaid, sont appelés *legum doctores*, l'un d'eux tantôt *legis doctor*, tantôt *legislator*, toutes expressions synonymes de *juge* (1) ou de procureur (2). On voit à

(1) Savigny, *Geschichte*, I, p. 469 et suiv.

(2) Voy. *infrà*, p. 176, dans un glossaire du XIe siècle (MS. latin 7643) : « *Actores*, doctores, vel ordinatores vel procuratores ».

quel point l'argument tiré de ce texte est vain (1).

Quant à la bulle de Clément V, qui se borne à constater, en 1306, comme l'avait déjà fait, en 1301, une lettre de Boniface VIII, que l'enseignement du droit canon et du droit civil était florissant *depuis longtemps* à Orléans, la date de ces documents leur enlève toute force probante pour la période lointaine qui nous occupe. Un ou deux siècles ne suffisent-ils pas amplement pour justifier les mots *ab antiquo, ab antiquis temporibus?* Aussi le père Denifle, se fondant précisément sur ces textes, ne fait-il remonter l'origine de l'enseignement du droit romain à Orléans qu'à l'époque de son interdiction à Paris par la bulle d'Honorius III, en 1219 (2).

Il n'existe donc aucune trace d'école de droit en

(1) Je rétablis le texte que M. Fitting a donné d'une façon inexacte et tronquée : « Colliguntur ab utrisque partibus plurimi legum magistri et judices, qui pro partibus decertarent. Præterea aderant in eodem placito missi a latere regis, Jonas episcopus Aurelianensis et Donatus, comes Meludinensium. Sed cum litem in eo placito finire nequirent, eo quod salicæ legis judices ecclesiasticas res sub Romana constitutas lege discernere perfecte non possent, visum est missis dominicis placitum Aurelianis mutare. Venientes itaque ad condictum locum magistri et judices, utraque ex parte, accerrime decertabant. *Aderant namque* LEGUM DOCTORES, *tam ex Aurelianensi quam ex Wastinensi provincia*... Quidem Wastinensis regionis *legis doctor* qui ex parte S. Dionysii, munere corruptus, advenerat... At vero S. Benedictus nequaquam *judicis illius ac legislatoris* oblitus est... » (*Miracles de saint Benoît,* I, 25, éd. E. de Certain, p. 56-57).

(2) H. Denifle, *Die Universitäten des Mittelalters bis 1400* (Berlin, 1885), p. 258 et suiv.

France avant le XIIe siècle (1). Conclusion qui se trouve en harmonie parfaite et avec l'absence d'écrits juridiques (2) et avec l'ignorance du droit romain que proclament de la façon la plus éclatante la langue, le style et le contexte des chartes (3).

(1) Même à la fin du XIe siècle. Il n'y a pas la moindre preuve que Lanfranc ait enseigné le droit au monastère du Bec en Normandie (Voyez de Crozals, *Lanfranc, son enseignement, sa vie, sa politique* Paris, 1877, p. 59).

(2) M. Fitting lui-même ne met plus la composition des *Exceptiones Petri* en France. Je me suis expliqué plus haut sur le *Libellus de Verbis legalibus* (suprà, p. 48-49).

(3) On n'a pas tenu le moindre compte de ce fait capital que je me crois autorisé à affirmer après l'investigation la plus étendue et la plus minutieuse des chartes manuscrites et imprimées du Xe et XIe siècle. J'en fournirai très prochainement la preuve dans le t. II de mes *Origines de l'Ancienne France.*

CHAPITRE III.

CONTINUATION. — LE BRACHYLOGUS JURIS CIVILIS.

M. Fitting, tenant pour bons les arguments que nous venons de passer en revue et que, pour ma part, je tiens pour dénués de toute valeur, a essayé récemment de faire honneur à une école française hypothétique de Fleury-sur-Loire de la composition du Brachylogus, de ce même Brachylogus qu'il avait soutenu antérieurement avoir été composé à Rome en l'an 1000 (1). Pourquoi cette attribution si différente, qui a tout l'air d'une volte-face? C'est que dans une copie faite par Schrader, en 1824, sur le MS. du Vatican, n° 441, lequel contient à la fois Petrus et le Brachylogus, M. Fitting a trouvé une glose du Brachylogus ainsi conçue :

Br. III, 20, § 4, verb. : « *Si equum mihi usque ad certum locum commodatum longius duxero* », au-dessus des mots « *certum locum* », ceux-ci : « *ut carnetum* », au-dessus de « *longius duxero* », les mots « *usque normanniam* ».

Un docteur allemand, M. Wenck, a, sur sa de-

(1) Voyez *suprà*, p. 9.

mande, révisé cette lecture à Rome, et il a lu : « *ut carnotum* (1) ».

Cette glose, dit en conséquence M. Fitting, doit avoir été écrite à Fleury-sur-Loire, près d'Orléans, car Chartres se trouve sur la route qui allait d'Orléans en Normandie, et, de plus, le MS. paraît provenir de la célèbre abbaye, comme tous les MSS. juridiques compris, à la Vaticane, dans le fonds de la reine Christine (2). Donc, il est vraisemblable que le Brachylogus a été composé en France, au même lieu, et cette vraisemblance devient une certitude quand on remarque qu'il utilise le Bréviaire d'Alaric.

Il me semble difficile de concevoir une argumentation plus fragile. Le MS. du Vatican est du commencement du XIIIe siècle, tout au plus de la seconde moitié du XIIe. Nous voici donc bien loin déjà du XIe siècle. A supposer ensuite que la glose soit de la même main, — circonstance fort douteuse (3) — qui donc

(1) Fitting, *Ueber die Heimat und das Alter des sogen. Brachylogus*, p. 16.

(2) Fitting, *op. cit.*, p. 17.

(3) Niebuhr, qui a décrit le MS. dans la *Zeitschrift für Gesch. Rechtswissenschaft*, III (1817), considérait l'écriture de la glose comme postérieure à celle du texte (*loc. cit.*, p. 419). — M. Salvioli qui l'a examiné tout récemment est du même avis (*Zeitschrift der Savigny-Stiftung*, t. IV (1883), p. 226. — M. Wenck est d'un avis contraire, mais M. Dümmler, dans une lettre adressée à M. Fitting, laisse la question indécise. Voici en quels termes il s'exprime : « Le mot *certum* est écrit sur une partie grattée avec la même encre pâle et de la même main que les gloses, tandis que le texte est écrit avec une encre plus foncée et de la même

a jamais songé à conclure d'une pareille circonstance à l'identité d'origine de la glose et de l'ouvrage glosé? Alors surtout qu'il est certain (M. Fitting lui-même le reconnaît) que la glose a été formée d'une série très nombreuse de gloses diverses de date et de provenance!

Que l'on accepte donc la lecture proposée par M. Fitting (*carnotum*)(1), et son affirmation que la glose et le texte sont écrits de la même main, il en résultera simplement ceci : qu'antérieurement à la fin du XIIe siècle, un habitant du centre de la France, clerc, moine ou praticien, a ajouté une glose banale entre deux lignes d'un MS. du Brachylogus. Cet exemplaire pouvait être glosé déjà ou bien il l'a été depuis, en Italie, en Allemagne, en France, que sais-je? Ultérieurement, il a été transcrit, texte et gloses successives, soit ensemble, soit séparément, soit à Fleury-sur-Loire, soit ailleurs(2). Rien dans tout cela n'autorise la moindre induction quant à l'origine du Brachylogus lui-même.

main ou d'une main très semblable; en tout cas, d'une main de la même époque». *Zeitschrift der Savigny-Stiftung. Roman. Abth.*, t. V, p. 260-261.

(1) M. Salvioli lit : « Cornetum » (ville près de Rome), et il entend par *Normannia* le sud de l'Italie conquis par les Normands (*Zeitschrift der Sav.-Stiftung*, t. IV, p. 227).

(2) Les MSS. de Fleury ou Saint-Benoît-sur-Loire ne forment qu'une partie du fonds de la reine Christine au Vatican, la partie appelée *Bibliotheca Petaviana*. Le monastère ayant été saccagé pendant les guerres de religion, en 1562, ces manuscrits furent ou

Reste l'utilisation du Bréviaire d'Alaric. Le fait aurait une importance (1) si le Bréviaire était mis à large contribution; mais il n'est employé que d'une façon très accessoire, et au contraire, toutes les parties de la collection justinienne, même le *Digestum novum*, même l'*Infortiatum*, sont connues, sont comprises, sont élaborées! Ici se dresse donc contre la rédaction en France où le Code Théodosien seul

détruits ou dispersés. Pierre Daniel, bailli de Saint-Benoît, en recueillit un grand nombre. Il les vendit en 1603 à Paul Petau et à Jacques Bongars, au prix dérisoire de 1,500 livres. Ceux de Bongars sont aujourd'hui à la Bibliothèque de Berne (voir le catalogue dressé par M. Hagen, *Catalogus Codicum Bernensium*, Berne, 1875). Ceux de Petau furent achetés par la reine Christine et forment à la Vaticane une subdivision du fonds de cette reine.

Il m'a été impossible de vérifier si le MS. qui nous occupe est compris dans la *Bibliotheca Petaviana*. Le catalogue que Montfaucon en a publié (*Catalogus Bibliothecæ Alexandri Petavii*, dans *Bibliotheca Bibliothecarum MSS. nova*, t. I (Paris, 1739), p. 61 et suiv.) est trop sommaire et ne contient pas de table de concordance. Mais il est un autre point que j'ai pu vérifier, et qui a son intérêt. M. Léopold Delisle a publié un catalogue des MSS. de Fleury-sur-Loire daté de 1552, c'est-à-dire antérieur de dix ans au pillage (*Notices et extraits des manuscrits*, t. XXXI (1884), p. 357 et suiv.). Or, dans les trois cents numéros qui le composent et que le savant bibliothécaire d'Orléans, M. Cuissard, suppose avoir formé la bibliothèque des écoles du couvent (*Inventaires des manuscrits de la Bibliothèque d'Orléans, fonds de Fleury*, Orléans, 1885, p. xxxiv), il y a un assez grand nombre de MSS. de droit canon, pas un de droit romain. Le *Brachylogus* n'y figure pas.

(1) Cette importance même ne devrait pas être exagérée. Il ne m'est nullement démontré, dans l'état présent de la science, que le Bréviaire d'Alaric n'a pas été connu en Italie. Voyez *infrà*, p. 82, note 1.

avait été indroduit, où le Bréviaire d'Alaric presque seul se rencontrait dans les bibliothèques des couvents (1), la même objection capitale qui s'élève contre la rédaction en France du Petrus. Cette objection est irréductible, pour toute la période qui précède le XIIe siècle. A la fin du XIe seulement, on voit les Pandectes faire leur apparition avec Yves de Chartres, mais cette apparition n'est encore que partielle, fragmentaire, purement matérielle. Elle ne ressemble en rien à la composition d'un ouvrage comme le Brachylogus. M. Fitting a-t-il oublié ou renié son enthousiasme passé pour cet écrit? ne se souvient-il plus qu'il le plaçait au-dessus des Institutes de Gaius, au-dessus des fragments d'Ulpien (2)?

(1) Voyez, pour la France, les catalogues suivants antérieurs au XIIe siècle : Saint-Vandrille (742-747, 787, 806), Saint-Riquier (831), Montier-en-Der (993), Corbie (XIe siècle), Saint-Vast d'Arras (XIe siècle), Saint-Père de Chartres (XIe siècle), Toul avant 1084. Saint-Pierre-le-Vif de Sens (commenc. du XIIe siècle), Rouen (*idem*) (G. Becker, *Catalogi Bibliothecarum antiqui*, Bonn, 1885).

(2) Je traduis littéralement : « Je ne crains pas de prétendre que le Brachylogus est le meilleur et le plus excellent livre d'enseignement élémentaire que nous possédions, sans en excepter les Institutes de Gaius et tout ce qui nous est parvenu en ce genre de l'époque des jurisconsultes classiques de Rome ». ..... « Le Brachylogus est un livre vraiment admirable. Il fait penser surtout aux fragments d'Ulpien, qu'au point de vue de la forme je mets au-dessus de tous les écrits qui nous restent de la jurisprudence classique de Rome. Mais en les comparant directement l'un à l'autre, je suis arrivé à la conviction que le Brachylogus l'emporte même sur cet ouvrage, *dass er selbst vor dieser Schrift noch den Vorzug verdient* » (Fitting, *Ueber die sog. Turiner Institutionenglosse und den sog. Brachylogus*, p. 40).

Ainsi, à aucun titre, le Brachylogus ne peut être considéré comme le produit d'une école française antérieure au XIe siècle. Si l'on prouvait un jour qu'il est né au XIIe siècle en France, loin de fournir un argument à la thèse d'une prétendue continuité de l'enseignement du droit romain dans notre pays à travers tout le moyen âge, il témoignerait qu'il y a eu chez nous une renaissance éclatante de ces études, à la suite et sous la poussée du mouvement parti de Bologne.

Mais ce mouvement lui-même dont on a jusqu'ici fait gloire à Irnerius ne serait-il que le résultat d'une transmission historique? C'est le dernier point que je veux examiner.

CHAPITRE IV.

LES ÉCOLES D'ITALIE. ROME, RAVENNE ET BOLOGNE.

Aux yeux de la théorie nouvelle tous les anneaux de la chaîne sont au complet en Italie. Ils s'appellent Rome, Ravenne, Bologne. De Rome où une école de droit s'était conservée sous les Goths et avait été restaurée sous Justinien pour n'être détruite, assure-t-on, qu'en 1084, l'enseignement du droit aurait passé à Ravenne, de Ravenne à Bologne. Tel serait, bien compris, le témoignage d'Odofredus.

Il est fort surprenant d'abord qu'on n'ait pu relever le moindre vestige d'une école de droit à Rome depuis l'époque de Justinien, non moins surprenant, Ficker l'a déjà remarqué (1), que cette école hypothétique n'ait pas exercé la moindre influence, ni sur la pratique, ni sur la langue juridique, ni sur la doctrine, comme cela ressort avec la dernière évidence de l'étude des chartes. Qu'est-ce aussi que cette école qui émigre? sont-ce les professeurs? sont-ce les élèves? est-ce le siège même de l'école qui est transféré d'une

(1) Ficker, *Ueber die Zeit und die Art der Entstehung des Brachylogus juris civilis* (dans *Sitzungsber. der Akad. der Wissenschaften* (Vienne). *Phil. hist. cl.*, t. LXVII, p. 591, 627.

ville dans l'autre? Mais avant l'époque de ce prétendu transfert il existait une école à Ravenne! De même cette école subsistait encore quand celle de Bologne prenait naissance!

Aussi, relisez Odofredus et vous verrez qu'il se borne à dire que l'enseignement du droit fut détruit à Rome (1). Ce qui voyage, ce qui est transporté d'une ville à l'autre, ce sont les livres de droit, les compilations de Justinien (2). Voilà pour moi le seul fait, sinon certain du moins vraisemblable, qui se dégage du récit d'Odofredus. Quand Rome fut saccagée en 1084, un assez grand nombre de MSS. des Pandectes durent périr, mais l'un deux, la Florentine ou une de ses copies, fut sauvé, apporté à Ravenne où il y avait un enseignement du droit lombardo-romain assez vivace, et de Ravenne parvint à Bologne.

M. Fitting reconnaît l'existence simultanée de l'é-

(1) Odofred. In Infort. L. 82 *Ad L. Falcidiam* (Savigny, *Geschichte*, III, p. 428). « Majores nostri ita referunt. Debetis scire, studium fuit primo Romæ, postea propter bella quæ fuerunt in marchia *destructum est studium...* ».

(2) Odofred. In Digest. vet. L. *Jus civile* 6. *De just. et jure* (Savigny, III, p. 427) : « Cum studium esset destructum Romæ, *libri legales* fuerunt deportati *ad civitatem Ravennæ* et de *Ravenna ad civitatem istam...* Sed dominus Yr. dum doceret in artibus in civitate ista, *cum fuerunt deportati libri legales*, cœpit *per se* studere *in libris nostris* et studendo *cœpit docere* in legibus ». — In Digest. nov. initio (Savigny, III, p. 428-429) : « Unde *cum libri fuerunt inventi* apud nos primum non fuerunt, sed apud Romanos, postea apud Pentapolim... et ab *illa civitate ad istam civitatem fuerunt portata ista volumina...* ».

cole de Ravenne et de l'école de Bologne, mais il cherche à les dépeindre comme deux écoles rivales (1), représentant l'une la *science juridique du passé,* l'autre la *science juridique de l'avenir,* la première résumant, condensant tout ce qui aurait été jusque-là la science du droit, celle-ci donnant l'illusion d'une renaissance juridique parce qu'elle inaugure une méthode nouvelle. La science du passé (Ravenne), c'est la science de l'équité, la science de l'avenir (Bologne), c'est la science du droit romain pur. Si Ravenne a succombé, elle a du moins laissé un témoin de son activité : le *Petrus.* Mais elle n'a pas même succombé tout entière : l'école d'Orléans a recueilli son héritage (comment et pourquoi on ne le dit pas) : elle l'a consigné dans le Brachylogus, elle l'a consigné dans le Livre de Jostice et de Plet (qui serait aussi son œuvre), elle l'a transmis enfin aux auteurs du Miroir de Souabe (2). Comme la chaîne s'allonge! elle va maintenant de la Rome antique jusqu'à Nuremberg, en passant par la Rome des papes, Ravenne et Orléans! Je me demande vraiment pourquoi s'arrêter en si

(1) *Ecole de Bologne,* p. 120 et suiv.

(2) « Si on songe que ce coutumier français (le livre de Jostice et de Plet) émane très vraisemblablement de l'école de droit d'Orléans; que, d'autre part, le Miroir de Souabe a utilisé comme source le Brachylogus et ses gloses; que, conséquemment, il trahit l'influence de cette école, on en arrive involontairement à supposer qu'elle était restée, pour le droit séculier, le principal représentant de cette tendance » (Fitting, *Ecole de Bologne*, p. 130, note *g*, trad. fr.).

beau chemin et ne pas rattacher les Bartolistes eux aussi à l'école de Ravenne. Cela serait logique (1)!

En réalité, M. Fitting a pris pour un système ou pour une *science*, ce qui est un élément organique du droit.

A toutes les époques, dans tous les pays, partout où il n'existe pas de législation proprement dite, où les lois sont vieillies ou exotiques, où les coutumes sont incertaines, l'équité l'emporte sur la coutume et sur le droit écrit. Il en fut ainsi dans tout le moyen âge, après le court temps pendant lequel les lois barbares et les capitulaires avaient pu satisfaire aux besoins sociaux, partout où la loi romaine n'avait pas été adaptée (comme cela avait eut lieu dans le Bréviaire d'Alaric) à l'état de choses contemporain. Il en fut ainsi en Italie, où les Bartolistes l'emportèrent sur les glossateurs, il en fut ainsi en Allemagne, quand le *droit romain moderne* s'y introduisit, il en fut ainsi en Angleterre, où l'équité l'emporta sur le *common law*. L'école de Bologne, comme, plus tard, l'école de Cujas, ne combat pas l'équité, elle semble l'ignorer (2). Elle est une école toute théorique, toute scientifique

(1) Voyez mon étude : « *Cujas, les Glossateurs et les Bartolistes* (Paris, 1883) (Extrait de la *Nouvelle Revue historique de droit*).

(2) « Toutes deux, ai-je dit ailleurs, en parlant de l'école de Cujas et de celle des glossateurs, s'attachaient comme à un dogme à l'étude des textes; toutes deux voulaient enseigner le pur droit de Rome. Pour l'une comme pour l'autre, la pratique devait se plier à la loi et non la loi à la pratique » (*Cujas, les Glossateurs et les Bartolistes*, p. 22).

qui se donne comme tâche de restaurer dans sa pureté le droit romain. Après comme avant elle, la pratique continue à suivre sa voie, sinon indépendante du moins latérale. Après comme avant l'étude directe et désintéressée des sources, l'équité joue un rôle prépondérant en l'absence de coutumes écrites, d'ordonnances souveraines, là même où le droit romain est la loi générale.

L'école de Bologne, comme celle du XVIe siècle, façonna les esprits, leur donna une plus haute culture. Elle fit davantage. A force de dégager les principes fondamentaux du droit romain, elle s'éleva naturellement jusqu'aux régions sereines où le droit et l'équité se confondent. C'est ainsi qu'elle put faire reconnaître le droit romain comme raison écrite, comme droit modèle.

On voit combien il est inexact de présenter la renaissance juridique du XIe siècle comme une réaction contre la *science* de l'équité.

Comment faut-il donc s'expliquer cette renaissance? Je conçois ainsi ses phases préparatoires.

Jusqu'à la fin du Xe siècle et au milieu de l'anarchie sans nom où se débattait l'Italie, le droit romain et le droit lombard ne se conservèrent que dans une pratique grossière et stérile. Peut-être puisait-elle ses éléments romains dans des sommes ou des commentaires byzantins.

A l'avènement des Ottons l'ordre renaît, un véritable corps judiciaire est formé, une jurisprudence peut donc se créer. Dans la Lombardie, à Pavie, où se trouve l'antique *palatium* et qui est ainsi comme le centre de la justice royale, les *judices sacri palatii* (1), aidés des grammairiens, élaborent un droit lombard perfectionné, dont les *Quæstiones et monita,* la *Walcausine,* l'*Expositio ad Librum Papiensem,* attestent les progrès successifs. — Dans la Romagne et notamment à Ravenne, autre siège d'un *palatium* impérial, les *judices dativi* (2), devenus juges impériaux, s'efforcent de même de former une jurisprudence *romaine*. Dès le second tiers du XIe siècle, ces efforts se reflètent dans les chartes dont la langue devient meilleure et où des textes sont cités (3).

Dans les pays de droit lombard, du reste, comme dans la Romagne, le droit romain gagne en faveur par les efforts que font Otton III et ses successeurs pour restaurer l'empire d'Occident, par la prédominance plus grande de l'Église, par l'alliance conclue entre le pape et l'empereur, peut-être aussi sous l'influence d'un pape lettré et instruit comme Gerbert (4).

(1) Sur les *judices sacri palatii,* voir notamment Bethmann-Holweg, *Der Civilprocess des gemeinen Rechts,* t. V, 2e partie (1873), p. 231 et suiv.

(2) Voyez Bethmann-Holweg, *loc. cit.*, p. 262.

(3) Ficker, *Forschungen zur Reichs-und-Rechtsgeschichte Italiens,* t. III, p. 126 et suiv. — *Ueber die Zeit und den Ort der Entstehung des Brachylogus*, p. 626-627.

(4) L'amour des lettres antiques, et aussi la nécessité de sa défense personnelle, avaient pu vaincre, chez Gerbert, sa répugnance

Quand l'alliance entre la tiare et la couronne prend fin, quand elle fait place à une lutte ardente, le droit romain poursuit, mais sous d'autres influences, sa marche ascensionnelle. Les Italiens, sauf la haute no-

pour les controverses juridiques et le conduire à une certaine connaissance du droit romain. Le couvent de Bobbio, dont il fut abbé, possédait, de temps immémorial, le MS. le plus ancien du Recueil des *Agrimensores*, le MS. dit *Arcerianus* (VIIe siècle), conservé aujourd'hui à Wolfenbüttel. Il ne paraît pas douteux que Gerbert s'en soit servi pour composer sa *géométrie*, et il semble bien qu'il s'y réfère dans une de ses lettres (éd. Olleris, lettre 76, p. 44; éd. J. Havet, lettre 8, p 7). En outre, le MS. porte, peut-être de sa main : « *Gisebertus abbas* ». L'importance juridique de cette collection est incontestée.

Je remarque, d'autre part, qu'il connaît et cite les Novelles de Julien (Const. 115, 15, cap. 441, Gerbert, éd. Olleris, lettre 193, p. 126; éd. Havet, lettre 217, p. 227).

Incidemment et à un point de vue différent, je relève dans Gerbert un autre texte juridique dont le récent éditeur de ses lettres, M. Julien Havet, déclare ne pas connaître la source. Voici le passage ... « lex dicit : Quicumque tribus auctoritatibus judicis conventus, vel tribus edictis ad judicem fuerit provocatus, aut uno pro omnibus peremptorio, id est quod causam extinguit, fuerit evocatus, et præsentiam suam apud eum judicem a quo ei denuntiatum est exhibere noluerit, adversus eum quasi in contumacem judicari potest. Quin inmo ne retractari per appellationem negotia possunt, quotiens in contumacem fuerit judicatum » (éd. Olleris, lettre 193, p. 120; éd. Havet, lettre 217, p. 219). — Cette citation est la reproduction textuelle de l'*Interpretatio* d'une sentence de Paul (Lex Rom. Wisigoth. Pauli, *Sent.*, v, 6, éd. Haenel, p. 420). — Gerbert connaissait donc le Bréviaire d'Alaric, et il a pu en introduire ou en répandre la connaissance en Italie. Dans le même ordre d'idées, il n'est peut-être pas inutile de signaler l'existence d'extraits de l'*Interpretatio* du Bréviaire à la fin du MS. latin 1730 de la Bibl. nationale, MS. qui paraît italien.

blesse, sont aux côtés du pape : la lutte n'est pas seulement religieuse, elle est nationale. Le droit romain devient comme une base d'opérations : il est le droit national, le droit indigène, par opposition au droit lombard, au droit franconien, au droit féodal, tous droits étrangers ou ennemis (1).

Ravenne aurait pu être facilement un centre de rayonnement et de propagande. Mais elle prit, au contraire, position contre le pape en faveur de l'empereur, elle se servit du droit romain pour soutenir les prétentions impériales (2). C'est dès lors vers une autre ville de l'ancien exarchat, vers Bologne, que les patriotes tournent leurs regards. Mathilde, adversaire de l'empereur, partisan du pape, y prend ses juges au lieu de les demander à Ravenne (3), et l'un d'eux, Pepo (4), sera le prédécesseur immédiat d'Irnerius.

Ainsi les circonstances extérieures ont poussé, entraîné les esprits vers l'étude du droit romain ;

(1) C'est peut-être là le sens de l'opposition entre les *judices* et les *causidici* signalée par M. Ficker (*Forschungen*, III, p. 127).

(2) Le *Libellus Petri Crassi* avait été composé à Ravenne.

(3) Cf. Ficker, *Forschungen*, III, p. 133 et suiv. Voyez aussi la Chronique de Conrad de Lichtenau (*abb. Urspergensis Chronicon*) : « Eisdem quoque temporibus dominus Wernerius libros legum qui dudum neglecti fuerant, nec quisquam in eis studuerat, ad *petitionem Mathildæ comitissæ* renovavit » (Savigny, IV, p. 11).

(4) Voyez la première charte où figure Pepo, où il siège comme juge en Toscane (1076), dans Ficker, *Forschungen*, t. IV (Urkunden), n° 73, p. 99.

mais si une véritable et rapide renaissance a suivi l'impulsion, elle est due aux qualités géniales d'Irnerius. A Ravenne, le droit romain n'était pas parvenu à se dégager des liens de la pratique, de la dialectique et de la grammaire. A Bologne, un homme de génie brise ses entraves; il reprend son essor, il redevient une science.

PREMIÈRE ÉTUDE

APPENDICES

APPENDICE I.

—

GLOSES SUR LES INSTITUTES.

MS. Biblioth. nat. Paris, latin 4421 (xie siècle).

1. *Inst.* I. 12. § 10.

« Pene » dicit quia cogere posset si ad meliorem vocaretur hereditatem.

2. *Inst.* II. 3. § 3.

Ne quisquam deberet nisi qui haberet prædium.

3. *Inst.* III. 7 pr. v° *Si vero adoptivus.*

Quum liberorum neminem relinqueret naturalium.

4. *Inst.* IV. 6. § 3, en face de « *Alie autem sunt* ».

.....uti si quis possideat; jure [*debet*] rem restituere nisi ex[*ceptionem*] paret. Quam si parave[*rit*] statim actoris partes sumit [*is qui*] possidet.

5. *Inst.* IV. 6. § 14, *in fine.*

..... Dico si apparet eos. Si res [*non*] s[*ua est*] tunc debet condicere aliud ab alio.

6. *Inst.* IV. 6. § 40, *in fine.*

Prope finem septimi libri codicis qui bonis cesserint.

APPENDICE II.

EXCERPTA A LA SUITE DES INSTITUTES.

1° *MS. Bibl. nat. latin 4421* (XIe siècle), f° 83 v° et suiv.

1. Constit. un. *De raptu virginum* (9.13).

2. In omnibus controversiis ad id quod intenditur aut negare aut confiteri oportet.

3. Placuit nobis precipuam esse justitiam equitatis quam stricti juris rationem (1).

4. Actiones trasactiones venditiones que per potentiam facte sunt omnino precipimus infirmari (2).

5. In alienis verbis fieri aliquid vel pacisci contra domini voluntatem secta temporum meorum non patitur (3).

6. Constit. 3, *De rebus creditis* (4.1).

7. Constit. 4, *De probationibus* (4.19).

(1) C. 8, *De judiciis* (3.1) (sauf variantes).
(2) C. 12, *De his quæ vi metusve causa* (2.20) (sauf variantes).
(3) Dernière phrase, sauf variantes, de C. 30, *De pactis* (2.3).

2° *MS. Bibl. nat. latin 4422* (XIIe siècle), f° 33, r° suiv. (1).

1. Quatuor sunt quæ a mandato non leviter discernuntur, consilium videlicet, exortatio, jussio, rogatio, quorum neutrum obligatorium est. Consilium enim neque obligationem facit neque actionem parit, ideo a mandato secernitur. Item exortatio obligatoria non est quia neque facit obligationem neque parit mandati actionem. Sed quia quodam modo inpulsio est ad rem faciendam magis quam consilium et si quis velit eam facere parit tamen de dolo quandoque actionem. Item jussio obligatoria non est quia neque obligationem facit neque mandati actionem parit, sed ex quo jussu non tantum inter contrahentes sed inter dominum vel patrem et alios. Rogatio alia rogatio tantum vel mandatum. Rogatio tantum est quæ non ea fit intentione ut qui rogat se alii vel alium sibi velit obligari et hæc obligatoria non est, quia neque obligationem facit neque mandati actionem parit, sed negociorum gestorum. Rogatio vero quæ ea fit intentione ut et alium tibi et te alii velis obligari mandatum est et est obligatorium quia et obligationem inter contrahentes facit et mandati actiones parit, mandati quidem directam suscipienti vero contrariam. Et nota cum fit aliena tantum gratia inter contrahentes non nascitur nisi una actio mandati, contraria videlicet quæ datur suscipienti, mandati vero nulla

(1) Les *Excerpta* sont de la même écriture que le texte des Institutes auquel ils font suite.

etsi re secuta quia mandati actio nemini competit nisi cujus interest sed interius inspicienti et obligatorium ante.

2. Post successiones pretorias, id est bonorum possessiones, et bene ante civiles successiones de collatione tractatum est, quia ex utraque successione heredes ad collationem compelluntur. Inter liberos itaque tantum quocumque jure, id est vel pretorio vel civili, succedentes collatio fit sive ex testamento sive ab intestato, nisi defunctus specialiter prohibeat. Sed quia liberorum tres species sunt, scilicet sui et emancipati et neque sui neque emancipati, quid juris in collatione habeant per unamquamque speciem videamus. Et quidem sui inter se omnia quæ ex bonis parentis tempore mortis habuerunt conferunt præter relicta et quod de peculio es alienum debent. Emancipati inter se nichil. Sed idem emancipati suis omnia. Sui autem emancipatis dotes ex illa lege : *Filiæ dotem in medium* (1) et nichil aliud ex verbis legis expressim colligitur emancipatis a suis esse conferendum. Sed si quis sana mente legem Leonis inspexerit quæ dicit *ut liberis equa lance parique modo et cetera* (2) et in novellis constitutionibus quæ volunt equalitatem ibi esse, non ineleganter poterit dicere inter omnes heredes pariter esse conferendum. Neque sui neque emancipati omnia et inter se et cum aliis per novellas constitutiones. Per codicem dotem et propter

(1) C. 4, *De collationibus* (6.20).
(2) C. 17, *De collationibus* (6.20).

nuptias donationem, vel cum ex una parte dotes vel donationes propter nuptias fuerint ex altera donatio simplex, sive possideat sive dolo fecerit quominus possideat, vel si culpa amiserit, tenetur ut conferat, aut denegabuntur ei hereditariæ actiones. Sed si hereditati renunciaverit precipua sibi vendicabit omnia præter peculium. Peculium enim cum in dominio testatoris fuerit et per hoc in hereditate remanserit habere omnino non poterit, quia nemo potest admittere partem et partem respuere.

3. Compensationis alia voluntaria, alia necessaria. Voluntaria est quæ fit per partium conventionem cui prout convenit standum est. Necessariæ alia ordinaria alia extraordinaria. Ordinaria est quæ ipso jure fit vel ab adversario oppositam ut judex admittat de jure compellitur. Ordinaria quæ totiens locum habet quotiens idem utrimque pure debetur ejusdem generis et qualitatis quod constat pondere, numero et mensura, veluti si utrimque oleum, utrimque pecunia debetur tempore judicii. Ut exemplis apparet in C. t. De compensationibus. *Si constat pecuniam invicem deberi* (1) et in Dig. t. De pignoratitia actione. *Si convenerit ut nomen debitoris mei* (2) et iterum in Dig. t. de compensationibus. *Ideo compensatio necessaria est quia interest nostra potius non solvere quam solutum repetere* (3).

(1) C. 4, *De compensationibus* (4.31).
(2) L. 18, *De pignerat. act.* (13.7).
(3) L. 3, *De compensationibus* (16.2).

Item in eodem *quotiens ex maleficio oritur actio si de ea pecuniariter agatur compensatio locum habet* (1). Quibus casibus, id est cum idem utrimque debetur, ipso jure pro soluto compensatio habetur, ita ut quod postea solverit velud indebitum condicatur ut in Dig. *Si quis compensare potens solverit condicere poterit vel indebiti soluti* (2). Hoc de sola ordinaria compensatione dictum est. Ut in Dig. de indebiti condictione. *Qui invicem creditor idemque debitor est, in quibus casibus compensatio locum non habet si solvat non habet cundictionem vel indebiti vel sui crediti repetitionem* (3). Compensationem tunc locum habere leges ostendunt cum idem utrimque debetur judicii tempore, sive principaliter sive ad extimatione reducta.

Extraordinaria quoque non potest dici proprie locum habere cum in arbitrio judicis sit inducere vel recipere eam ex bono et equo nec ne. Sola igitur ordinaria quæ ipso jure inducitur locum habere dicitur et verum est. Alioquin si in omnibus rebus jure ipso compensatio locum haberet qui emit, si rem peteret cum precium deberet, opposita compensatione repelleretur quod equitas non patitur a qua compensatio originem ducit.

4. *Juramentum testium* (c'est, sauf variantes, le cap. 62, p. IX, du décret d'Yves de Chartres, et le can. 6, q. 6, caus. 35 du Décret de Gratien).

(1) L. 10, § 2, *De compensationibus* (16.2).
(2) L. 10, § 1, *ibidem.*
(3) Cf. L. 30, *De condictione indebiti* (12.6).

5. *Sacramentum de incestuoso discidio* (Décret d'Yves, IX, cap. 63, Décret de Gratien, c. 9, quæst. 6, caus. 35).

6. *Gregorius*. De illa parentela... (Décret d'Yves, IX, cap. 61, Décret de Grat., c. 5, q. 6, caus. 35).

7. Præfectoria dignitas dicitur non solum præfecto (leg. præfectorum) pretorio vel urbis sed etiam magistrorum militum... (Epitome de Julien, Const. 64, cap. 216, Ed. Hänel, p. 86).

8. Nullus clericus ad gradum presbyterii... (Décret d'Yves de Chartres, VI, cap. 302).

9. Finitas (*sic*) successionibus hoc (ou hic) scribi debuit. ℟. Libellum conventionis (suivent les formules comprises dans le 2e Appendice des *Exceptiones Petri* (1). M. Conrat en ayant donné une transcription exacte d'après notre manuscrit (2) je m'abstiens de les reproduire).

10. De donationibus inter virum et uxorem. Ulpianus (L. 1, *De don. int. vir.*, 24, 1) (3). — Paulus (L. 2, *ibid.*).

11. De probatione. Paulus, Lib. VI Responsor. (L. 4,

(1) Voyez *suprà*, p. 27-28.

(2) Préface de l'*Epitome exactis*, p. CXXI-CXXII.

(3) Les textes que j'indique ainsi entre parenthèse sont *in extenso* dans le manuscrit, sans autre désignation de provenance, du reste, que le nom ou l'écrit du jurisconsulte, parfois sans suscription aucune.

De probat., 22.3). — Id. Lib. VIIII, Responsor. (L. 5, § 1, *ibid.*). — Id. R. (L. 5, § 2, *ibid.*).

12. Exceptio est auxilium contra leges datum jure civili invalidum naturali vero ratione vim habens.

13. Contractus est duorum vel plurium in idem placitum atque conventus (1).

14. In Digestis Paulus ad Vitellum (L. 1, *De usufr.*, 7, 1).

15. Ulpi. (L. 1 pr., *De procur.* (3.3) (2).

16. Ars est preceptio quædam quæ dat certam viam rationemque loquendi.

17. Jus est ars boni et equi ut Celsus definit (3).

18. Regula Florentinus (L. 3, *De just. et jure*, 1.1).

19. Celsus (L. 4, *De legibus*, 1.3). — *Idem* (L. 5, *ibid.*).

20. Modestinus (L. 7, *ibid.*).

21. Ulpianus (L. 8, *ibid.*).

22. Paulus (L. 14, *ibid.*).

23. Julianus (L. 15, *ibid.*).

24. Paulus (L. 16, *ibid.*).

25. Celsus (L, 17, *ibid.*). — *Idem* (L. 18, *ibid.*). — *Idem* (L. 19, *ibid.*). — Julianus (L. 20, *ibid.*). — Paulus

(1) Cf. L. 1, § 2, *De pactis* (2.14).
(2) App. I de Petrus (*Expositio termin.*), cap. 67.
(3) L. 1 pr., *De just. et jure* (1.1).

(L. 23, *ibid.*). — Celsus (L. 24, *ibid.*). — Modestinus (L. 25, *ibid.*).

26. Juris ignorantia non prodest in usucapionibus (1).

27. Exceptio doli mali est quando quis opponit occasionem juris ad iniquum compedium (2).

28. Clementia equitas quæ undique stat non aliqua parte declinare potest.

29. Jus naturale est quod non opinio sed quædam innata vis affert.

30. Ideo diximus decoratam armis armatam legibus quia ut Salomon m (monet?) melior est vir sapiens quam vir fortis (3).

31. Vis est necessitas contrariæ voluntati imposita contra bonos mores (4).

32. Metus est instantis vel futuri periculi causa mentis trepidatio (5).

33. Lucrum est adquesitio alterius rei sine compensatione nostræ (6).

(1) Cf. L. 4, *De juris et facti ignor.* (22.6).

(2) Cf. App. I de Petrus (*Exposit. termin.*), cap. 64, et *infrà*, n° 43.

(3) Fragment d'un commentaire du Procemium des Institutes.

(4) *Exposit. termin.*, cap. 55, *Libellus verb. leg.*, cap. 61, Appendice du MS. Barrois 285.

(5) *Expositio*, cap. 43, *Libellus*, cap. 61. *infrà*, Glose de Pistoie et MS. Barrois 285.

(6) Cf. *Expositio*, cap. 56, *Libellus* , cap. 62.

34. Damnum est amissio nostræ rei sine compensatione alterius (1).

35. Compensatio est debiti vel crediti invicem contributio (2).

36. Dolus malus est omnis machinatio et omnis calliditas et fallacia adhibita ad decipiendum aliquem (3).

37. Invadere est temere in alienam possessionem vadere (4).

38. Restitutio in integrum est vulneratæ causæ remedium (5).

39. Rapina est violenta ablatio rei mobilis vel se moventis (6).

40. Opinio est prolatum cum dubitatione responsum.

41. Sententia est firma et indubitata rei responsio (7).

42. Condicio sine causa est cum aliquid ex non justa causa ad aliquem pervenit vel redit a justa ad non justam causam (8).

43. Exceptio doli mali est quociens reus ostendit

(1) *Libellus*, cap. 62. Cf. *Expositio*, cap. 57.
(2) *Exposit.*, cap. 58. Cf. *Libellus*, cap. 12.
(3) Cf. *Exposit.*, cap. 42 et *Libellus*, cap. 9.
(4) *Exposit.*, cap 60. *Libellus*, cap. 63.
(5) Cf. *Exposit.*, cap. 61 et *Libellus.*, cap. 63.
(6) *Exposit.*, cap. 63. *Libellus*, cap. 63.
(7) MS. de Turin (Voyez *suprà*, p. 17), f° 95a. Cf. *Expos.*, cap. 98 et *Libellus*, cap. 32.
(8) *Exposit.*, cap. 59. *Libellus*, cap. 8.

actorem velle trahere occasionem juris ad iniquum compendium (1).

44. Exhibere est potestatem in publico facere ut ei qui agat experiundi sit copia (2).

45. Affinita (s) est personarum regularitas ex nuptiis nobis conjunctarum omni carens parentela.

46. Transactio est indubitata litis decisio (3).

47. Obligatio est juris vinculum quo necessitate adstringimur alicujus solvendæ rei (4).

48. Mandatis cavetur... (1re phrase de L. 25, *De testibus*, 22.5).

49. Contra præsumptionem manifestissimam oportet dare probationem.

50. Servi responso... (L. 7, *De testibus*, 22.5) (5).

51. Testis idoneus... (L. 9, *ibid.*) (6).

52. Ubi numerus... (L. 12, *ibid.*).

53. Idonei... (L. 6, *ibid.*).

54. Paulus, lib. III, Reg. (7) (L. 24, *De probat.*, 22.3).

(1) *Exposit.*, cap. 64. Cf. *suprà*, n° 27.
(2) *Exposit.*, cap. 66. *Libellus*, cap. 7.
(3) Cf. *Exposit.*, cap. 62. *Libellus*, cap. 14.
(4) Inst. pr., *De obligat.*, (3.13). Cf. *Exposit.*, cap. 49. *Libellus*, cap. 7.
(5) Supplément spécial au MS. Barrois 336.
(6) *Ibid.*
(7) La loi est de Modestin, IV, *Regul.*

55. De arboribus cedendis. Ulpianus, lib. LXXI (L. 1, *De arb. ced.,* 43.27). — Pomponius, lib. CCCV (lege xxxiv), ad Sabinum. (L. 2, *ibid.*).

56. De glande legenda. Ulp., lib. XXI (lege lxxi) ad Edict. (L. un., *De gl. leg.,* 43.28).

57. Quatuor modis minores Longobardi alienare possunt, pro debito patris, propter famem, propter nuptias, pro animo (1).

58. Si quis sciens solvit indebitum non habet conditionem, id est non potest repetere, et quod causa pietatis solutum est non potest repeti, et quod ob transactionem datur non potest repeti. Si autem evidens calumnia detegitur et transactio inperfecta est repetitio dabitur, et cum naturale debitum subest si quis solverit (2).

59. De conditione sine causa. Ulpian. L. LXIII (leg. xliii), ad Sabin. (L. 1, *De cond. sine causa,* 12.7).

60. Interruptionis temporis (?) modus multiplex est. Fit enim litis contestatione, etate pupillari, sola conventione, pigneris non violenta detentione, nec non secunda confessione et usurarum solutione, libello presidi vel episcopo vel civitatis defensori porrecto, seu publica depositione et cum tabulariorum subscriptione rei inter vicinos facta aut trium testium subscriptione si tabularius deficiat.

(1) Cf. *Petri exceptiones*, I, 46, avant-dernière phrase.

(2) Cf. *Compendium juris,* nº 4 (Fitting, *Jurist. Schriften*, p. 139).

61. In rebus ambiguis absolutum non debet esse judicium.

62. Grave et indecens est ut in re dubia certa dicatur sententia (1).

63. Innocentius. Alienæ ecclesiæ clericum ordinare aut judicare nullus usurpet.

64. Nemini de se conffesso credi potest super crimine alieno.

65. In re dubia nunquam dicatur certa sententia (2).

66. Judices alii esse non debent nisi quo[s] imperator elegerit (3).

67. Nullum juditium inordinabiliter habitum teneatur (4).

68. Quotiens a populis aut a turba peccatur quia in omnes propter multitudinem non potest vindicari multum solet transire.

69. Excommunicati, omicide, malefici, fures, sacrilegi, raptores, venefici, adulteri et qui raptum fecerint aut falsum testimonium dixerint seu qui ad sortilogos, magosque cucurerint ad nullam accusationem vel testimonium sint admittendi (5).

(1) Décret de Gratien, can. 74, q. 3, caus. 11 et *infrà*, n° 65.

(2) Cf. Décret d'Yves, VI, cap. 329 et *suprà*, n° 62.

(3) Il faut lire probablement : « Nisi quos ipse qui impetitur elegerit » (Voyez Panormie d'Yves, IV, cap. 109).

(4) Décret d'Yves, V, cap. 329.

(5) Décret d'Yves, VI, 333 et X, 37. Cf. Petrus IV, 31.

70. Testimonium clerici adversus laicum nemo recipiat [1].

71. Clericus inferioris ordinis non det aliquam accusationem.

72. Damasius adversus Pontionem. Judas quia non est presentialiter damnatus non est ejectus [2].

73. Silvester. Nulli omnino clerico licere causam in publico examinare nec ullum clericum ante laicum judicem stare placet.

74. Accusatus non alibi quam in foro suo audiatur [3].

75. Cornelius. Nullus sacerdotum causam suam alieno committat juditio nisi ad sedem apostolicam fuerit apellatum [4].

76. Accusatus accusatori suo non respondeat prius quam a suo judice regulariter vocetur locumque defendendi accipiat [ad] abluenda crimina [5].

77. Turpe est defendere quod prius non constiterit justum esse.

78. Si quislibet quæ (?) contra clericum causam ha-

(1) Décret d'Yves, VI, 334, décret de Gratien, can. 9, q. 1, caus. 11.

(2) Cf. Panormie, IV, 115.

(3) Décret Gratien, can. 2, q. 6, caus. 3.

(4) Décret d'Yves, VI, cap. 325.

(5) Décret d'Yves, VI, cap. 348.

buerit episcopum illius adeat ut aut ipse cognoscat aut a te (ante?) ab ipso judices deputentur (1).

79. Clericus sive laicus crimine vel lite pulsatus non alibi quam in foro suo audiatur (2).

80. Omnis qui falsa intulit aliis puniatur et pro falsitate ferat infamiam.

(1) Cf. décret d'Yves, VI, 360; XVI, 146.
(2) *Suprà*, n° 74.

APPENDICE III.

GLOSES SUR LE CODE.

MS. Bibl. nat. latin 4516, comparé au MS. de Pistoie.

1° *Leçons différentes ou plus complètes.*

Manuscrit de Pistoie (d'après l'édition Chiappelli)	**Manuscrit de Paris.**
Scolie :	
6. « invito vel patri fieri ».	« invito domino vel patri fieri ».
9. « adplatitum ».	« ad placitum ».
22. « petentem non sibi ».	« petentem sibi ».
27. « ematorem ».	« emptorem ».
« agatur ».	« agat ».
34. « Glossa verisimilium ».	« id est verisimilium ».
35. « Majoractio ».	« Majoraccio ».
43. Nota. Proprium titulum possessionis. id... usucaptam.....	« v. « a quo peti potest ». « Nota idest qui nondum habet possessam vel usucaptam».

	Manuscrit de Pistoie (d'après l'édition Chiappelli.)	Manuscrit de Paris.
Scolie :		
46.	« vindicatum ».	« judicatum ».
	« condempnatio(nem) pronunciari (?) ».	« condemnatio intervenit ».
926 (1).	Nota. mora litis... post contestationem, non (?) po...t s... p...d...e (prodesse?) non potest,	« Nota. mora litis post contestationem possessori prodesse non potest. »
50.	« eam remiserint ».	« remiserint ».
55.	« superripuit ».	« subripuit ».
	« contractatur ».	« contractat ».
61.	« Cause sacramento decise perjurii nec retractari ».	« causam sacramento decisam perjurii non posse retractari ».
71.	« Nota. Jure propria ».	« Nota. In re propria ».
80.	« alteri ».	« alii ».
	« quidempriori ».	« quidem emptori ».
82.	« pars ejus ».	« pars »
90.	« erogata ».	« errogata ».
126.	« provocatis ».	« provocationis ».
129.	« judicanti ».	« judicati ».
	« reserandam ».	« referandam ».
131.	« fundum pignori obligatum... distrahi debito persecuto ex fructibus non... usurarum causa ».	« fundum pignori obligatum minime distrahi debito persecuto ex fructibus nisi detur usurarum causa ».

(1) Elle porte ce numéro ayant été publiée après coup par M. Chiappelli dans *Zeitschrift der Savigny-Stiftung*, t. VIII, p. 88.

Manuscrit de Pistoie (d'apres l'édition Chiappelli.)	Manuscrit de Paris.
Scolie :	
132. « rem obligatam posse distrahi n...re pecunie partem debiti solvendam ».	« rem obligatam posse distrahi numerata majore parte donec solvendum sit ».
133. « etsi debitoribus pignus tenentibus ».	« etsi debitor pingnus teneat ».
134. « pignore ».	« pingnore ».

2° *Scolies qui manquent dans le MS. de Paris.*

Scolies 2, 13, 26, 49, 64, 83, 92 à 95 (inclusivement), 97 à 125, 127, 130, 135, 140.

3° *Scolies du MS. de Paris qui manquent dans le MS. de Pistoie.*

I. *Partie du Code commune aux deux MSS.*

(Les 8 premiers livres jusqu'à C. 6 (8.49.)

1. Lib. I, tit. xx, const. 1.

Nota. Hic de pretoriis actionibus loquitur et plerumque intra annum vivunt.

2. Lib. II, tit. LIX, const. 1.

Nota. Prius debet de calumnia jurare qui probationem rei exposcerit.

3. Lib. III, tit. VIII, const. 4, v° *Sepe.*

Ideo dixit « sepe » causa accusationis servi vel pro filio.

4. Lib. III, tit. XII, const. 10.

Isauria provincia est juxta Arabiam cujus populus non vivit de alia re nisi de preda vel rapina et omnes qui modo hoc exercent Isaurei appellati sunt.

5. Lib. IV, tit. XIX, const. 5.

Nota. Qui se dominum contendit.

6. Lib. IV, tit. L, const. 6.

Nota. Regesta potior habetur quam scriptura.

7. Lib. IV, tit. LXVI, const. 2 (*in fine*).

Aut in sancto loco aut ubi competens judex jusserit.

8. Lib. V, tit. III, const. 6.

Nota. Simplices donationes sine dotibus fieri.

9. Lib. VII, tit. LXXI, const. 6.

Nota. In omni successione sufficit voluntatis sola professione (*sic*).

II. *Partie du Code qui ne se trouve que dans le MS. de Paris*

(Fin du livre VIII et livre IX).

1. Lib. IX, tit. I, const. 11.

Nota. Res arsas data opera.

2. Lib. IX, tit. II, const. 13.

Nota. Cum quis inponit magnum crimen fatri suo.

3. Lib. IX, tit. II, const. 5.

Nota. Mandatorem et reum principalem ex delicto conveniri sive injuria atroci.

4. Lib. IX, tit. II, const. 16, I.

Nota. Solutio. Criminales causas inscriptione exerceri.

5. Lib. IX, tit. IX, const. 11.

Nota. Crimen a carendo nomen habet vel nominatur (1).

6. Lib. IX, tit. IX, const. 18.

Z. Struprum proprie raptus est illicitus coitus a corrumpendo dictus unde et qui raptu potitus strupro fruitur (2).

7. Lib. IX, tit. X, const. 1.

Nota. Quod si tutor pupillam suam stupruerit deportari jubetur.

8. Lib. IX, tit. XII, const. 7.

Nota. Solutio. Quisquis violenter alienam possessionem arripuerit quam suam esse credebat post pœnam legibus definitam deportari precipitur.

(1) Isidore, *Etymolog.*, V, cap. 26, n° 1 (Migne, t. 82, col. 209) : « Crimen a carendo nominatur, ut furtum, falsitas... »

(2) Isidore, *Etym.*, V, cap. 26, n° 14-15 (Migne, t. 82, col. 210) : Stuprum... Raptus proprie est illicitus coitus, a corrumpendo dictus, unde Virgilius : *Rapto potitur*, id est, stupro fruitur.

9. Lib. IX, tit. xii, const. 8.

Nota. Si servus inscio domino violentiam commiserit suplicium capitale excipiat. Sin autem metu vel exortatione domini id admiserit metalli penam sustineat.

10. Lib. IX, tit. xii, const. 10.

Z. Bucellarius dicitur factor bucellæ ex hoc bucellarii dicebantur quod in sacrificio victimas preparabant.

11. Lib. IX, tit. xii, const. 10.

Z. Isauria provincia est juxta Arabiam hubi aurum reperitur pretiosumexinde isaurus candidum (*sic*) dicitur populus.

12. Lib. IX, tit. xiii, const. 1, *in fine*.

Nota. Quod si parentes remiserint dolorem rapte filiae deportari jubentur.

13. Lib. IX, tit. xvi, const. 5.

Nota. Neminem ex homicidio non voluntate perpetrato teneri.

14. Lib. IX, tit. xvi, const. 7.

Nota. Sicut is qui homicidium perpetravit, ita qui dolum fecit tenetur.

15. Lib. IX, tit. xviii, const. 3.

Nota. Quisquis auruspex ad domum alienam accesserit concremari jubetur et illo in insulam detrudendo qui eum vocaverit.

16. Lib. IX, tit. xviii, const. 6.

Nota. Quisquis magis suos malis artibus confecerit inimicos feralem susteneat pestem.

17. Lib. IX, tit. xx, const. 7.

Nota. Si quis servos alienos vel liberos homines ab urbe abstraxerit vel alienaverit capite puniri jubetur.

18. Lib. IX, tit. xx, const. 16.

Nota. Quod plagiarius, si servus sit, bestiis tradi jubetur. Si liber, gladio puniri decernitur.

19. Lib. IX, tit. xxii, const. 12.

Nota. Quod querela falsi excluditur exceptione XX annorum sicut cetera quoque fere crimina.

20. Lib. IX, tit. xxiv, const. 2.

Nota. Quod omnis adulter monete sine omni dilatione flammarum incendiis tradi jubetur.

21. Lib. IX, tit. xxvi, const. 1.

Nota. Lex Julia de ambicu (*sic*) jubet ut quisquis da (*sic*) (data) pecunia amissa recuperare audet officia ut deportationis subeat pœnam.

22. Lib. IX, tit. xxxi, const. un.

Nota. Constitutum. Crimen falsi civiliter actum criminaliter posse peti.

23. Lib. IX, tit. XL, const. 1.

Nota. Solutio. Quod si reus abscens intra annum redierit et se crimine purgaverit cunctas res suas arbitrio judicis signatas recipiat.

24. Lib. IX, tit. XLVI, const. 1.

Calunpnia est jurgium aliene litis calvendo id est a decipiendo dicta [1].

25. Lib. IX, tit. XLVI, const. 5.

Nota. Calupniatorem in publicis questionibus tantum non in ceteris periclitari.

26. Lib. IX, tit. XLVI, const. 10.

Supplicium proprie dicitur non quod quomodo punitur sed quod ita dampnatur ut bona ejus consecrentur et in publicum redigantur. Nam supplicium dicebatur supplicamentum et supplicium dicitur de cujus dampnatione deliberabatur aliquid de eo (delibatur aliquid Deo) unde et supplicare [2].

(1) Isidore, *Etymol.*, V, 26, n° 8 (Migne, t. 82, col. 209).
(2) Isidore, *Etymol.*, V, 27, n° 3 (Migne, t. 82, col. 211).

APPENDICE IV.

SOMMAIRES ET GLOSES DU CODE THÉODOSIEN.

MS. Bibl. nat. latin 12445, f°s 187 et suiv.

1. Lib. XVI, tit. II, *De episcopis*, c. 2.

A muneribus abstinendum clericis.

2. Lib. XVI, Tit. II, *De episcopis*, c. 12, *Interpretatio*.

Ut nemo audeat episcopum accusare apud bublicos judices.

3. Lib. XVI, tit. II, c. 23, *Interpret.*

Contentio inter cleric[*os*] judicio episcopi terminetur.

4. Lib. XVI, tit. II, c. 39, *Interpret.*

Ut clericus male vitæ probatus continuo curialibus adjungatur.

5. Lib. XVI, tit. II, const. 2.

Iteratur hæc sententia.

6. Lib. XVI, tit. II, const. 9.

Quod judeus christiana mancipia non audeat comparare.

7. Constit. Sirmond. I (Hänel, p. 446).

Episcoporum sententiæ jure perpetuo firmentur.

8. Constit. Sirmond. II (Hänel, p. 447).

Qualis reverentia in noxiis sacerdotibus qualisque improbis confusio.

9. Lib. IX, tit. I, *De accusationibus,* const. 10, *Interpret.*

Ibi crimen debet audiri ubi admissum est [1].

10. Lib. IX, tit. I, const. 11, *Interpret.*

Ea pena subjaceat accusator si non probaverit qua accusatus convictus [2].

11. Lib. IX, tit. I, const. 14, *Interpret.*

Quicunque alium de homicidio vel criminali objectione pulsaverit non prius a judicibus audiatur quam similem pœnam se conscripserit subiturum quam reo intendit.

(1) Cf. *Décret d'Yves de Chartres*, VI, 324. « Revera ibi semper causa agatur, ubi crimen admittitur. » *Antiqua summaria Cod. Theod.* (éd. Haenel), p. 1 : « Ibi caussam criminis inquiri, ubi facinus commissum. »

(2) Cf. *Décret d'Yves,* VI, 324. « Et qui non probaverit quod objicit, pœnam quam intulerit in se patiatur. »

12. Lib. IX, tit. I, const. 19.

V^is « *Custodiat similitudinem.* »

In r̄g īn̄t custo[diat]
in dy custodis (1).

13. *De episcopali judicio.*

De responsione episcoporum presbyterorum et aliorum clericorum.

14. *Ibidem.*

V° « *aut serviat.* »

De servo alicujus si fuerit ordinatus diaconus aut serviat aut vicarium si habuerit pro se reddat.

15. *In libro legum Novellarum divi Valentiniani cap. VIII* (Nov. de Valentinien III, tit. XXVI).

De descriptione triennalis temporis omnimodis tenenda.

16. Novelle de Valentinien III, t. XXIV, *Interp.*

V^is *Originarios vero vel servos.*

[U]t diaconus non licentia [a]deptus et ordinatus aut pro se vicarium reddat aut ad condicionem debitam revocetur.

(1) Cette glose est mutilée. Haenel ne l'a pas signalée, mais il en signale une analogue dans le Cod. Middleh. (Cod. 51), qu'il lit ainsi :

« *In r̄g et Intr custodiunt*
In dy custodiæ.

17. *Ibidem.*

V^is *Nam qui si quis pulsatus in judicio.*

Si quis pulsatus adesse in judicio noluerit post trinam conventionem quasi [con]victus si adfuisset penas persolvat.

APPENDICE V.

GLOSES DU BRÉVIAIRE D'ALARIC.

MS. Bibl. nat. latin 4413.

Lib. I, tit. I, 3, *Interpr.*

V° *Peremptoria.*

1. Dicitur autem peremptoria quia ibi lex perimitur.

V^is *Causam principalem tollit.*

2. Id est legalem emendationem super capitale additam.

Lib. I, tit. III, 1, *Interpr.*

V° *Dominorum.*

3. Regis vel cujusdam principis.

Lib. I, tit. V, 1, *Interpr.*

V° *In metallum.*

4. Id est in carcere seu proprie metallum dicitur ubi marmora secantur [1].

Lib. I, tit. VI, 1, *Interpr.*

V° *Officiales.*

5. Qui publica offitia exercent ministriales videlicet civitatis.

Lib. I, tit. VI, 3, *Interpr.*

V° *Libellos.*

6. Aliquas literulas in quibus aliquid dedonare (?) significent.

Lib. I, tit. IX, 2, *Interpr.*

V° *Instructiores.*

7. Ubi plenius vel testes vel quælibet adjutoria habere possint.

Lib. I, tit. XI, 2, *Interpr.*

V^is *Subdatur publice questioni.*

8. Trahatur (tradatur) civibus id est ut ipsi cives eum examinent.

Lib. II, tit. I, 10, *Interpr.*

V^is *Quæ nostris legibus continentur.*

9. Et in ebraicis non sunt.

Lib. II, tit. I, 12.

(1) Cf. Isidore, *Etymolog.* V. 27.31, (Migne, t. 82, col. 213).

10. Senatorem in criminalis causa seu V° (quinque) senatoribus sorte ductis audiendum.

Lib. II, tit. IV, 1, *Interpr.*

V^{is} *In annis minoribus.*

11. Ante quindecim annos.

Lib. II, tit. VI, 1, *Interpr.*

V° *Judices.*

12. Scilicet illius provincie ubi res est de qua agitur.

Lib. II, tit. VI, 2. *Interpr.*

V° *Per neglegentiam.*

13. Id est quando mallum legitimo tempore non tenetur vel quando hoc quod lex dicit non adimpletur.

Lib. II, tit. VI, 4. *Interpr.*

V° *Pro minorem.*

14. Pro parvulo.

V° *Personam defensionis.*

15. In personam (?) parvuli id est quam parvulus haberet si in annis firmioribus fuisset.

Lib. II, tit. XI, 1. *Interpr.*

16. *Nota.* Advocatorum errores litigatoribus non obesse.

Lib. II, tit. XII, 2. *Interpr.*

V° *Consortes.*

17. Consortes dicuntur qui simul sortem id est partem in querela habent.

Lib. II, tit. xvi, 3. *Interpr.*

V° *Contractus.*

18. Donationes vel venditiones.

Lib. III, tit. v, 2.

V° *Introductio locorum.*

19. Id est ut in alodum introducat sponsam.

Lib. III, tit. v, 4. *Interpr.*

V^is *Privatus militans.*

20. Mediocris persona tamen ingenuus.

Lib. III, tit. v, 6, *Interp.*

V^is *Sed ex tantum quæ sunt suscepta.*

21. Quidquid sponsus in honores sicut mos est parentibus puelle vel ad ipsam puellam dederit.

Lib. III, tit. vi, 1. *Interpr.*

V^is *In prædicto honore.*

22. In juditiaria potestate.

V^is *Nam si post. administr.*

23. Id est postquam expleto anno cessaverint ab offitio juditiario.

Lib. III, tit. vii, 2.

V° *Solemnitate.*

24. Id est legali et quidquid ad officium nubendi pertinet.

Lib. III, tit. XVI, 1.

V° *Recepta dote.*

25. Id est cum suo dotalitio.

Lib. III, tit. XVI, 2, *Interpr.*

V^is *In jure de retentionibus.*

26. Id est in lege Pauli.

Lib. III, tit. XVIII, 1, *Interpr.*

V^is *Si tamen testamentarii.*

27. Id est si hoc contingit ut pater dum adviveret non procurasset filiis tutores quos per testamentum instituisset nam ii vocantur testamentarii.

Lib. IV, tit. 3, *De carboniano edicto.*

28. Dirivatum est a Carbone auctore.

Lib. IV, tit. IV, 2, *Interpr.*

V^is *Aut nuncupatione.*

29. Id est per codicellum.

Lib. IV, tit. IV, 3, *Interpr.*

V^is *Aut prætorii juris.*

30. Rustici legis.

Lib. IV, tit. IV, 4, *Interpr.*

V^is *Curiæ vivos.*

31. Seniores judices.

Lib. IV, tit. IV, 6, *Interpr.*

32. *Nota.* Post mortem defuncti ante decennium testamentum factum non valeat.

Lib. IV, tit. V, 1, *Interpr.*

V^is *Nullis contractibus.*

33. Nullis scripturis.

Lib. IV, tit. VIII.

V^is *An annis majoribus.*

34. Id est postquam XXV annos habuit.

Lib. V, tit. I, 8, *Interpr.*

35. De bonis curionum (decurionum) Imp. Constant. A. Rufino pp. Si curialis intestatus moriens, etc. (1).

36. Caduca hereditas dicitur ubi non sunt legitimi successores.

Lib. V, tit. IX, *Interpr.*

V^is *Privati hominem.*

37. Id est homini de alodo.

Lib. VIII, tit. V, 1.

V^is *Honestati contrarium.*

(1) Interpretatio C. Theod., c. 1, *De bonis decurionum* (5,2).

38. Communi usu.

Lib. VIII, tit. VIII, 1.

V° *Numerariis.*

39. A puplicis ministerialibus (gl. interlin.).

40. Numerarii vocantur qui publicum numum æraris inferunt (gl. margin.).

Lib. IX, tit. II, 3, *Interpr.*

V[is] *Pœnam quam lex constituit.*

41. Hoc est XX libras judicibus et offitiis eorum.

Lib. IX, tit. XVI, 1, *Interpr.*

V° *Causæ permixtæ.*

42. Criminales unde reus moritur cetere civiles dicuntur.

Lib. IX, tit. XXVII, 3.

V[is] *Qui testes dicuntur esse.*

43. Qui audiendo didicerunt.

V[is] *Non conscii.*

44. Qui videndo sciunt.

Lib. IX, tit. XXXI, 1, *Interpr.*

V° *Proscribere.*

45. Id est in bannum mittere.

Lib. IX, tit. XXXII, 3, *Interpr.*

V° *Proscribi.*

46. Id est in exilio religatus.

Lib. IX, tit. xxxiii, 1, *Interpr. in fine*.

V° *Prodigus*.

47. Dilapidator qui res suas inutiliter expendit.

V° *Eversor*.

48. Qui per fraudem res in alterius potestate obligat.

V° *Dilapidare*.

49. Inordinate dispensare.

Lib. X, tit. v, 4, *Interpr*.

V^is *In crimine majestatis*.

50. In fraude regis.

Lib. XI, tit. vi, 1, *Interpr*.

V° *Indicticiis*.

51. Indictitium est quod ex edictis regis precipitur.

Lib. XI, tit. xii, 1, *Interpr*.

V^is *Momentariæ causæ*.

52. Spatium unius anni.

V° *De momento videatur*.

53. De presenti vestitura.

V° *Egregius*.

54. Extra gregem.

Nov. Valent. III, tit. x, 1, *Interpr.*

V° *Administratione.*

55. Administrare est rem publicam vel colligere vel dispensare.

Nov. Valent. III, tit. XII, 1.

V° *Qui publicum servitium debet.*

56. Qui reservatur de morte ad servitium.

V° *Divorciis.*

57. Divorcium est separatio conjugii.

V° *Contumacis.*

58. Superbis.

V° *Caveat.*

59. Spondeat solo verbo.

Nov. Martiani I, tit. I, 1, *Interpr.*

V^{is} *Actor rei forum sequatur.*

60. Scilicet illius qui querit mallum.

Gaius, tit. IV, § 8.

V° *Spurii.*

61. Id est ex nobili matre et ignobili patre.

Gaius, tit. V, *De legatis.*

62. Legare proprie est donare vel destinare unde legatus dicitur missus.

V° *Vindicare*.

63. Vendicare est jus suum assumere vindicare id est per vindictam sumere.

Paul II, § 4.

V° *Heredem*.

64. Heres juditium solvat quia judicati hereditatem capit.

APPENDICE VI.

GLOSES DE LA LEX ROMANA CANONICE COMPTA.

MS. Bibl. nat. latin 12448, fos 79-123.

1. *Quomodo res emphiteusis sanctus locus pertinentium contrahat. Kap. XXXIIII ex ipsa novella* (Epit. Julien, const. VII, cap. 34).

Hic dicit quid sit emponematum.

2. *De præscriptione longi temporis XLXX* (sic) *annorum. Ex libro VII Cod.,* tit. XXIII (Cod., const. 12, *De præscr. longi temp. X vel XX ann.,* 7.33).

Domicilium in presentia litigantium considerari oportet et quia locus provincia dici potest.

3. *De jure naturali gentium et civili. Ex eodem primo libro constitutionum.*

Vis *Ex hoc jure gentium* (Instit., lib. I, tit. II, *De jure nat.*, § 2, dern. phrase).

Emptio et venditio est rerum commutatio atque contractum ex convenientia veniens. Emptio autem dicta quod a me tibi sit (1).

Venditio quasi venundatio id est a nundinis (2). Conductio est res in usum accepta, cum constituta mercede (3).

Depositum est pignus commendatum ad tempus quasi diu positum. Deponere autem quasi (quis) videtur cum aliquid metu furti incendii naufragii apud alium custodiæ causa deponit (4).

4. *De nuptiis lex XXVI id. A. Juliano pp. ex libro V Codicis*, tit. IV (C. 26, *De nuptiis*, 5.4).

V^is *Sed ei credendum est.*

Hic dicit ut nullus possit filiam de baptismate aut illam quam in loco filiæ habuit uxorem ducere.

5. *De his qui ex libera matre et ascriptitio patre nati sunt. Kap.* 188 *ex libro novellarum* (Epit. Julien, const. 48, cap. 188).

V^is *Constitutio est imperatoris nostri in X°* (sic) *libro codicis posita.*

Hic req. XII lib. codicis.

6. *De nuptiis ex primo libro Institutionum.*

V^is *Veluti inter patrem et filium* (Inst. I, tit. x, *De nuptiis*, § 1).

(1) Isidore, *Etymologies*, V, cap. 24, § 23 (Migne, t. 82, col. 205).
(2) Isidore, *ibid.*, V, cap. 24, § 24.
(3) Isidore, *ibid.*, cap. 25, § 13.
(4) Isidore, *ibid.*, § 19.

Hic dicitur usque ad quotam generationem superiorem vel inferiorem aut ex latere se debent conjungi, aut que sint incestæ nuptiæ. Dicit etiam quia filiam adoptivam aut neptem non poterit uxorem accipere.

7. Ibid. V^is *Rectius tamen et jure facturos* (*Ibid.*, § 9).

Glosa (en lettres rouges).

Hic scito quia Gregorius interrogante Augustino istud respuit.

8. Ibid. V^is *Quas in libris Digestorum* (*Ibid.*, § 11).

Hic dicitur quia in libris Digestorum dicuntur persone que nuptias non possunt contrahere.

9. Ibid. V^is *Unde solent filii spurii* (*Ibid.*, § 12).

Hic loquitur in cujus potestate debent esse spurii vel quas pœnas debent pati qui prohibitas nuptias contrahunt.

10. *De proconsule Tamica Kap. 26. Item ibi in ipsa novella* (Scolie 26 de Julien sur const. 22, chap. 83).

Hic exponitur quid est Tamiaca.

11. *De rerum divisione, tit* I, *Ex libro II Institut.*

De litore maris (Inst. II, tit. I, De rerum divisione, § 3).

De ripis (*Ibid.*, § 4).

De sacris non alienandis (*Ibid.*, § 8).

12. *Ut precium satisfaciat de quo tulit quis. Kap. XXI ex fine novelle.*

De incensis instrumentis.

APPENDICE VII.

EXTRAITS DE GLOSSAIRES.

1° *MS. Bibl. nat. Latin 2341* (IXe siècle. In nomine Domini incipit glosomatum. (f° 257-269.)

Accola, alienus cultor ac vicinus.
Alienum æs pecunia veneratiora (feneratoria).
Arbiter judex.
Arbitrium voluntas sive potestas.
Causarius reus
Causatio querimonia.
Cliens amicus minor.
Clientela officium domestici clientis.
Ad ulciscendum ad defendendum.
Conubium matrimonium vel conjugium.
Comites benigni, humani.
Coloni incole, peregrini.
Comodat præstat.
Consobrini qui de singulis sororibus nascuntur.
Conquirentes causantes.

Collegium sociexus colligarum in uno honore positorum.

Collegarius unus ex ipsis.

Culleius tunica ex parco (panno) in modum yeronis facta qualienat (quam liniunt) pice et vitumine (bitumine) in qua includebantur parracide cum sonea (*sic*) serpente et gallo insuta matebantur (mittebantur) in mari ut contendentibus inter elpsis animabus (*sic*) homo majoribus penis afficiebatur.

Doctor sequax.

Emeritus miles idest veteranus qui jam complevit militiam, quia mere(ri) militare dicitur.

Emptorium locus ubi negociationes exercentur.

Ergastulum caster vel locus (ubi) damnati marmora secant vel aliquid operantur quod latine metallum dicitur.

Exsilium damnationem.

Exul patria pulsus, in exilium trusus.

Fenus lucrum, usura.

Grammaticus doctor liberalium litterarum.

Gentis honor generis nobilitas.

Glossema interpretatio sermonum.

Incestus qui commiscitur cum sorore filia vel cognata.

Jura legis decreta aut in justitia tractum.

Jurisconsultus jurisperitus.

Jusjurandum juratio.

Lantumie carceres apud siretifas ubi est mons excabatus.

Legale ex lege sicut ex imperio imperiale.

Licitator suasor provocator aut conductor.

Lecitatio quotiens aliquid vinditur et emtores super augmentationem (?) faciunt.

Licitatione perposita venditione.

Magistratum addicat id est spolia exuit.

Mancipio quod manu capit et subdit.

Multare condemnare.

Peculatus furatus de peculio.

Plagiarius, abulator qui mancipium vel pecus alienum seducendo distrait.

Teloneum quasi omnium litterorum fiscalis conductio.

Vis, violentia a virtute.

2° *MS. Bibl. nat. latin 12445, f° 12 v°.*

(Incipiunt questiones de diversis sermonibus super canones interpretantibus) (ixe siècle ou xe siècle.)

Arbiter,	judex.
Arbitrium,	voluntas seu potestas.
Arbitror,	judicor scolasticus.
Commodum,	lucrum.
Commodat,	præstat.
Contrahere,	colligere.
Caducis,	inanibus.
Casum,	lapsum aut ruina.
Censuit,	judicavit, finivit.
Conductor,	major.
Consules,	consiliatores.
Fundis,	hereditas, vel propria.

Procuratores, actores.
Moveri, honorem (honore) donari.
Promoveor, honore donor.
Privilegii, lex propria vel honor proprius.
Mancipat, subdit.
Mancipiat, manu captum tradit.
Prædia, fundi possessiones et villas.
Proconsularis, providentes.
Proconsulis, vicarus, prestitam (*sic*).
Sanxit, diffinivit, judicavit.
Municipalia, publica res.
Promulgata, prolata, deprompta.
Philacteria, id est decem verba legis vel scriptura vana quod ligat homo aut super caballum aut super caput suum.

3° *MS. Bibl. nat. lat. 7641* (xe siècle).

Advocatus causedicus.
Arbiter judex privatus.
Causarius litis amatur (*sic*).
Furcifer dicebatur olim qui ob leve delictum cogebatur a dominis ignominii magis quam supplicii causa.
Grammaticus scolasticus vel litteratus.
Jureticus scolasticus, legis peritus.
Judex privatus arbiter.
Scolasticus litteratus, sapiens.
Scribe legis periti.

Scriba ædilicius qui ex ædile est vel librarius id est quem pertinet ad cartas publicas id est librarius.

Ypotheca universa substantia.

4° *MS. Bibl. nat. lat. 7642* (xe siècle) (fo 1-12) (A-fi).

Antestatus testis est pronus in testamento juris.

Donatio usufructuaria ideo dicitur quia donator ex ea usumfructum adhuc retinet servato cui donata est jure.

Donatio recta ideo nuncupatur quia et jure et usu statim traxit in alterum nec ultra aliquid inde ad jus donatoris retorquetur.

Dono do, trado.

Donum et munus ita distinguntur donum honorarium est munus debitum ut patrono. Ita donum dantis est munus accipientis. Dictum autem donum a dando munu a muniendo (1).

Emolumentum merces sive fructus lucrum adquisitio cujuscumque rei munera pœnia premia fructus, merces commoda.

• *Emptio et venditio* est rerum commutatio atque contractus ex quo venientia (ex convenientia) veniens (2).

Erciscunde est divisio hereditatis inter heredes. Herciscunde enim apud veteres divisio nuncupatur (3).

(1) Isidore, *Different.*, I, 360 (Migne, t. 83, col. 47).
(2) Cf. Isidore, *Etymol.*, V, cap. 24, § 23.
(3) Voyez *suprà*, p. 94.

Ergastulum carcer vel locus ubi damnati marmora secant vel aliquid operantur quod latine metallum dicitur (1).

Exereditatus extra hereditatem factus.

5° *MS. Bibl. nat. lat. 7643* (xie siècle).

Abjurare rem creditam negare per jurior.

Accessio fructus, lucrum, compendium.

Acole vicini concives.

Acola alienus cives, cultor loci in quo natus est, navicius cives.

Accio cognicio, observatio.

Actor defensor, patrono.

Actores doctores vel ordinatores vel procuratores.

Adrogant addunt.

Adrogat adscribit, deputat.

Adulterium conjugalis toro inquinamentum ita distinguitur adulterium in nupta, stupro in virginem, incestum in parente vel vidua.

Aedificatio aliut est quem instauracio, nam hedif. nova construccio, instauracio vero quod reparatur ad instar prioris.

Affinis cognatus et propinquis (*sic*) ita distinguitur cognatus ejusdem generis est.

Affinis extraneus venit propincus misto sanguine pro affinitate conjungitur.

(1) Isidore, *Etymol.*, XV, 6, n° 2 (Migne, t. 82, col. 546).

Agnati filii per viros qui veniunt per virili sexus personas vel uti frater eodem patre natus vel fratris filius.

Agnatus consanguineus propincus.

Agralia lex lex agrali populi romani.

Altercacio utriusque partis intencio.

Ante biblium quod ex (Codex) datus pignus pro codice.

Antiqua nobili, veteri prior.

Antiquis nobilibus vetustissimis.

Arbitrem et judicem ita distinguitur arbiter ex voluntate judex ex lege (1).

Bona caduca res dampnatorum vel facultas q. heredem nom̄ (non) habet.

Bonorum possessorem (*sic*) jus possessionis certo hordine certoque titulo.

Caduca hereditas qui ejus heredes occidit (*sic*) (2).

Caducarius quicumque fit heres alicui qui heredem non habet.

Causam agere, defendere, patrocinare, adesse, adsistere, protegere.

Causarius reus.

Causidicus assertor defensor.

Cepit fructum honorem adeptus est.

Cliens amicus minor, domesticus.

(1) Cf. Isidore, *Different.*, I, n° 33 (Migne, t. 83, col. 14).

(2) Pour voir jusqu'où allait l'inintelligence des compilateurs, il faut rapprocher de cette glose l'étymologie d'Isidore dont elle dérive : « Caduca inde dicitur quia ejus heredes ciderunt » (Isidore, *Etymol.*, V, 25, 8 (Migne, t. 82, col. 207).

Clientela subjectum amicum.

Clientes amici vel servi.

Codex multorum librorum est librum unius voluminis et dictum codex pertranslacionem codicibus arborum in radice juncti.

Codices libri, commentaria.

Codex radix arborum.

Cognitio judicium cognoscens.

Cognitor judex cause intellector.

Commentarium concinum breviter ornate vel composite.

Comoda (*sic*) prestat, mutuat.

Comutacio inmutacio, vendicio.

Condiciones ut inter se conveniat sermo testium quasi condiciones quia non ibi testi sunt jurat se plures.

Conduccio est res in usu accepta, constituta mercede.

Conjugium qui conjuncti sunt vel ad jugo quo in nuptiis copulantur.

Compilator qui aliena dicta suis permiscet.

Creditum depositum, in manu, in fide traditum.

Crimen culpa, peccatum.

Crimen a carendo dictum. furtum, falsitas et cetera quæ non occidunt sed infamant (1).

Dampnacio, punitio, cremacio, tormenta.

Data dextra fide juncta.

Debitor reus, obligatus.

Decreta statuta, jussa, precepta.

(1) Isidore, *Etym.*, V, 26, nº 1 (Migne, t. 82, col. 209).

Decuriones decani.

Dedecus crimen facinus piaculum crimen aut aliquid in templis aut in sepulcris comissum, sacrilegium nefas est scelus periculum culpa vicium.

Dediccio tradiccio spontanea volumptate.

Edictum vocatur quod rex vel imperator edicit.

Epangelia est promissio quod judice ad tantum facimus pollicentes nos aliqua magna aut minima dicturos.

Erciscundæ est divisio æreditatis inter heredes. Erciscunde enim divisio nucupatur (*sic*).

Ergastulum carcer vel locus ubi dampnati marmora secant vel aliquid operantur.

Expilatores aliene hereditatis subversores.

Expilavit furatus est abstulit.

Heres vocantur qui per directam lineam venit.

Intesta que testamento scripta non est.

Ypoteta cum res comodatis sine deposicione sola interveniente.

Jubere et imperare apud veteres ita distinguebantur. Jubere enim apud eos(1) nam jubere ibi dicebatur ubi volumptatis erat obseqium.

Imperare autem ubi debitum quisque imperio parebat (2).

Judicium et justicia et causa hoc differt. Dum enim proponitur causa est, dum discutitur judicium est, dum

(1) Il manque ici : « Non idem erat quod imperare. »

(2) Isidore, *Different*, I, nº 304 (Migne, t. 83, col. 42).

finitur justicia. Vocatum autem judicium quasi jurisdiccio.

Jura condicio leges aut judicia.

Jura sunt que a nobis juste possident (*sic*), nec aliena sunt.

Jura dabunt judicabunt iste.

Juravi pacto consensi.

Jure e juste vel merito potestate.

Jurisconsultus jurisperitus.

Jus adjuste possidendum.

Jus potestas.

Jus quiricium jus populi romani.

Justicia, æquitas, dicta autem justicia quasi juris status.

Justi dies sunt continui.

Legale ex lege sicut ex imperio imperiale.

Leges a legendo dictum.

Leges pacciones, definiciones.

Librariorum scribarum.

Libri codices, testamenta.

Licitator suasor, provocator.

Licitatur pascitur aut de precio contenditur.

Locare componere, hedificare.

Locaciones strucciones, posiciones.

Lucrum fœnus, usura, compendium.

Majestati reatu tenentur hii qui majestate(m) leserunt.

Mancipare mancipium facere, in servitute redigere.

Mancipat manucaptum adducit.

Mancipacio comendacio.

Mancipatus victus.

Mancipium est quiquid manucapit (*sic*) subdique potest ut homo, equus, ovis.

Mandat jubet precipit.

Mandatum preceptum, in fide traditum, depositum.

Sacramentum est pignus sponsionis, vocatum autem sacramentum quia violare quod quisque promittit perfidie est (1).

Sacrilegium dicitur sacri furtum, legere enim vel sublegere furari dicitur.

Scriba doctus legis doctor.

Spurius dicitur qui de matrem nobilii et patrem ignobili nascitur, vel patre incerto matre vidua genitus velut tantum spurii filius quia muliebrem naturam veteres spurium vocabant (2).

Testamentum nucupatum quod testibus conscripta sit et confirmata.

Testamentum dictum quod a sub testatione fit quod evacuari nullus licet ea que audivit et vidit.

Vades dicuntur qui legaliter causas agunt.

Vadimonia juditia sunt unde apud judicem fidemjussorem dat.

(1) Isidore, *Etymol.*, V, 25, nº 31 (Migne, 82, col. 206).

(2) Isidore, *Etymol.*, IX, 5, nºs 23-24 (Migne, 82, col. 356). — Papias, *Glossarium*, vis Nothus, Spurii, Spurius (MS. latin 7611).

6º *Pollex juris. MS. Bibl. nat. lat. 16891, fº 327 et suiv.* (XIVᵉ siècle) (1).

Abigere est a se expellere.

Abigeatus crimine tenetur ille qui pecora alicujus a pascuis et armentis subducit ab abigendi studio, qui scilicet hoc facit dolose, quia quandam artem exercens, ut per aliquod signum quod facit animalia separentur et dispergantur ut sic ea rapiat. Et dicunt quidam quod qui solam pecudem subripit fur est, qui vero totum gregem crimine abigeatus tenetur.

Bonorum possessor dicitur ille qui de jure pretorio alteri succedit; quæ bon. possessiones a pretore invente sunt. Bon. possessio est jus retinendi persequendi illud quod in bonis illius erat cui succedit de jure pretorio et in hoc est distinctio inter ipsum et herdem quod heres de jure civili succedit hic autem de jure pretorio. B. p. alia secundum tabulas..., etc.

Heres dicitur ille qui succedit in universum jus quod defunctus habuit. H. testamentarius est qui in testamento a testatore heres ascribitur. H. legitimus qui ex lege XII Tabularum aut jure constitutionum sine testamento defuncto succedit. Lege XII Tabul. ut primus agnatus, jure constitutionum ut spurius, curie datus, emancipatus. Heres fideicommissarius est cui ex fideicommisso restituitur hereditas...

(1) Je me borne pour ce glossaire à donner un petit nombre de définitions à titre de spécimen.

Inventarium dicitur libellus quidam quo omnia bona hereditatis conscribuntur et omnia in illa libello continentur ut sciatur quantum eo die quo scribetur inventarium sit in tota hereditate.

DEUXIÈME ÉTUDE

LES MANUSCRITS PARISIENS

DES *EXCEPTIONES PETRI*

LES MANUSCRITS PARISIENS

DES *EXCEPTIONES PETRI* (1).

CHAPITRE PREMIER.

LE RECUEIL CONNU SOUS LE NOM D'*EXCEPTIONES PETRI*.

Parmi les monuments de l'histoire du droit romain au moyen âge les *Exceptiones legum romanorum* de *Petrus* tiennent une des premières places. Elles ont une importance capitale pour la France s'il est vrai, comme on l'a admis presque unanimement après que Savigny les eut remises en lumière (2), qu'elles sont une œuvre française du XIe ou du XIIe siècle, et qu'elles nous ont conservé le droit romain en usage, à cette époque, dans le Dauphiné.

En tête du recueil se trouve, en effet, un prologue où l'auteur dédie son œuvre au « très illustre Odilon, puissant magistrat de la ville de Valence. » « *Odiloni viro splendidissimo Valentinæ civitatis magistro magnifico,* » et ce même Odilon reparaît dans le premier

(1) Cette Étude a été communiquée à l'*Académie des Inscriptions et Belles-Lettres*, dans sa séance du 7 décembre 1888.

(2) Savigny, *Geschichte des Römischen Rechts im Mittelalter*, t. II, p. 319-428.

chapitre du livre IV avec la qualité de vicaire. Il ne peut, dit Savigny, être question que de Valence en Dauphiné (1), car le livre lui-même contient diverses expressions qui sont françaises ou peuvent l'être, telles : *Busnardi* (2), du roman buisnart, buse, — *soldatas* (3), solde, que le texte dit expressément être roman : « quod romanis verbis soldatas appellamus, » telles peut-être aussi *rancunare, rancurare* (4), pour interjeter appel, *contortus* ou *contorius* (5) pour personnage de haut rang, *renovarios* (6) pour gens de basse condition, *improperium* (7) dans le sens d'outrage.

Au reste Petrus, en un de ses chapitres, révèle clairement l'origine française de son ouvrage quand il distingue les pays de droit écrit des pays de coutume : « *his partibus* in quibus juris legisque prudentia viget, *aliis partibus* ubi sacratissimæ leges incognitæ sunt » (8). Il fait plus : il nomme la France comme son pays dans un passage où il s'exprime ainsi : « tenenti possessionem meam *quam in Galliæ partibus* appellamus honorem (9).

L'opinion est séduisante, mais elle a contre elle

(1) Savigny, *op. cit.*, II, p. 141.
(2) *Exceptiones Petri*, I, 19 (Ed. Savigny).
(3) *Exceptiones Petri*, I, 20.
(4) *Exceptiones*, IV, 1.
(5) *Exceptiones*, II, 32.
(6) *Ibidem*.
(7) *Exceptiones*, I, 9.
(8) *Exceptiones*, II, 31.
(9) *Exceptiones*, II, 1.

des objections d'une gravité extrême. Les *Exceptiones Petri* sont un livre de pratique, elles doivent donc exposer le droit applicable devant les cours de justice de la région à laquelle l'auteur les destine. Or quel pouvait être le droit en vigueur à Valence et dans le Dauphiné, au XIe ou au XIIe siècle? A supposer que ce fût le droit romain, c'était le droit anté-justinianéen, le droit du Code Théodosien et surtout du Bréviaire, seul droit qui ait été introduit en France, le seul qu'on y rencontre au premier moyen âge. Comment expliquer alors que le Petrus, s'il a été composé pour Valence, ne contienne que des textes des collections de Justinien, à l'exclusion complète du Code Théodosien et du Bréviaire d'Alaric? — Mais ce n'est pas même le droit romain antérieur à Justinien qu'il aurait dû exposer, c'est le droit local, mélange de droit romain traditionnel, de droit germanique et de droit canon, tel que nous le révèlent toutes les chartes que nous possédons sur le Dauphiné. Or Petrus expose surtout du droit romain pur, ou mélangé de droit lombard (1).

Sans parler même du fond du droit, comment expliquer un emploi si étendu de tout le *corpus juris*, du Digeste notamment, alors qu'on ne trouve la moindre trace en France ni d'un pareil emploi ni de la connaissance du Digeste avant la fin du XIe siècle,

(1) Voyez sur les dispositions de droit lombard contenues dans *Petrus*, Fitting, *Zeitschrift der Savigny-Stiftung*, VI, p. 130 et suiv. et *École de Bologne*, p. 124, note f.

avant les compilations attribuées à Yves de Chartres (1)?

A cette première difficulté, en apparence insoluble, sur le lieu d'origine des *Exceptiones* s'en joignent d'autres non moins graves sur son âge et sur sa formation. Tel chapitre, suivant Ficker, pourrait remonter au delà du xe siècle, tel autre, nous dit Conrat, doit être du xiie. Pour les uns le Petrus date des premières années du xie siècle, pour les autres il est de 150 ans postérieur. Quant au texte, mêmes divergences, mêmes hésitations. Les *Exceptiones* nous ont été conservées, en effet, dans deux séries de MSS.

Dans la 1re série représentée par deux MSS. de Paris (2), un de Prague (3), un de Turin (4), l'ouvrage a un titre et un prologue, il est divisé en 4 livres et 258 chapitres. Le 1er livre traite des personnes, le 2e des contrats à titre gratuit et à titre onéreux, le 3e des crimes, délits et quasi-délits, le 4e de la procédure et de l'organisation judiciaire.

Dans la 2e série que constituent jusqu'à présent un

(1) Voyez *suprà*, p. 55 et suiv., p. 95, etc.

(2) Bibl. nat. Lat. 4709 (xiie siècle) et Lat. 1730 (xiie siècle).

(3) MS. du Chapitre métropolitain, Lit. I, no LXXIV (xiie siècle). — C'est le MS. dont M. Fitting a publié les gloses (*Glosse zu den Exceptiones Legum Romanorum des Petrus*, Halle, 1874) et dont, suivant Savigny, l'imprimeur Strasbourgeois Schott s'était servi, en l'an 1500, pour son édition princeps des *Exceptiones*.

(4) Bibliothèque de l'Université, D. V, 19 (xiie siècle). — J'ai parlé plus haut de ce MS., d'où M. Fitting a extrait le *Libellus de verbis legalibus*.

MS. de Paris (1), un de Tubingue (2), un du Vatican (3), un de Florence (4), et un de Cambridge (5), le prologue et le titre manquent le plus souvent, il n'y a pas de division en 4 livres, le nombre des chapitres est réduit de près de moitié (136 au lieu de 258) et enfin tout l'ordre de *Petrus* est bouleversé. Il y règne un pêle-mêle, une confusion, un véritable chaos. — Ce même recueil que l'on a appelé en Allemagne le « *livre de Tubingue* » par la raison très discutable que l'Université de Tubingue en possède un MS., se retrouve plus réduit encore dans un MS. de la Bibliothèque de Gratz (6), et sous forme d'extraits dans un second MS. de la Bibl. de Prague (7).

On est placé ainsi en face d'une alternative également gênante. Si l'on admet que la 1re série nous donne le texte primitif, il est incompréhensible que dans un recueil remanié le désordre ait succédé à l'ordre rationnel préétabli. Accepte-t-on l'opinion in-

(1) Bibl. nat. Barrois, 336 (latin 4719¹) (XIIe siècle).

(2) Bibl. de l'Université, M.C. 14.

(3) Bibl. du Vatican, n° 441 (XIIe-XIIIe siècles). — Le même MS. qui contient le Brachylogus (Voyez *suprà*, p. 112).

(4) Biblioth. Laurentine, XXIX, 39 (XIIIe siècle).

(5) Trinity-College (XIIIe siècle). C'est le manuscrit auquel est consacrée la 3e étude de ce volume.

(6) Bibl. de l'Université, 40, 8 fol. (XIIIe siècle), décrit par Stintzing, *Geschichte der populären Literatur*, p. 78 et suiv.

(7) Bibl. de l'Université, VIII, H. 7, fol. (XIIe siècle), décrit par Schulte, *Sitzungsberichte der K. Akademie der Wissenschaften* (Vienne), *Philos.-Hist. Classe*, t. LVII, (1867), p. 175 et suiv. et surtout p. 198 suiv.

verse, en considérant le livre de Tubingue comme la source de Petrus, il est presque aussi inexplicable qu'un recueil original ait été composé sans la moindre symétrie, sans lien entre les diverses parties, dans une complète incohérence.

Quelques-unes des antinomies que je viens de signaler ont frappé l'un des auteurs allemands qui se sont le plus récemment occupé des *Exceptiones,* — M. Ficker — et pour les résoudre il a imaginé le singulier système que voici (1). Suivant lui, un livre d'extraits des lois romaines a été formé en Italie, avant 1050, à Ravenne. Ce recueil comprenait probablement tous les chapitres actuels du Petrus complet. De Ravenne il a passé dans le midi de la France où il a été approprié par des remaniements ou des additions aux usages du lieu. Sous cette forme, qui serait aujourd'hui perdue, il a retraversé les Alpes et puis a été remanié à nouveau, abrégé surtout, en Italie. On a commencé par en faire le Petrus actuel, de celui-ci le livre de Tubingue, de ce dernier l'abrégé de Gratz.

Ce sont là bien des voyages, bien des hypothèses, bien des vraisemblances pour un seul texte. M. Fitting s'est pourtant emparé de cette opinion, et pour la rendre plus plausible il y a greffé une hypothèse nou-

(1) *Ueber die Entstehungsverhaltnisse der Exceptiones legum Romanorum* (dans : Mittheilungen des Institutes für OEsterr. Geschichtsforschung, t. II (Insbruck, 1886, p. 1-76). — *Ueber die Usatici Barchinonae und deren Zusammenhang mit den Exceptiones legum Romanorum* (*ibid.*, p. 236 et suiv.).

velle. Le Petrus, composé à Ravenne, aurait été remanié à Pavie à la fin du XIe siècle par un Français, par un *provençal,* qui y enseignait le droit à ses compatriotes (1).

Nous sommes transportés ainsi en plein domaine de fantaisie (2). C'est que depuis Savigny on a aban-

(1) *Zeitschrift der Savigny-Stiftung, Rom. Abth.*, t. VII, p. 32 et suiv., surtout p. 57 et suiv.

(2) L'imagination ne s'est pas donné moindre carrière pour découvrir le jurisconsulte qui se cache, pense-t-on, derrière le nom de Pierre. Ce nom était si répandu au moyen âge qu'elle a eu beau jeu.

M. Fitting, quand il soutenait que les *Exceptiones* avaient été composées au XIe siècle dans le midi de la France, en Provence, à l'aide de compilations venues d'Italie, désignait un *Pierre de Provence* comme leur auteur (*Zeitschrift der Savigny Stiftung,* Rom. Abth., t. VI, p. 138, note 2). Dans son nouveau système où il place leur rédaction à Ravenne, il les attribue à un *Petrus de Rainerio* qui apparaît dans des chartes de Ravenne de 1021 à 1037 (*Zeitschrift,* t. VII, p. 57 et suiv.).

Autant de villes indiquées comme lieu d'origine autant de *Petrus* on trouvera en y regardant d'un peu près. On n'a que l'embarras du choix. Le difficile est de choisir.

Du moins le *Petrus de Rainerio* est-il un personnage réel. Il semble même qu'il y ait eu une famille de jurisconsultes de ce nom, car je vois dans Fabricius (*Bibliotheca medii ævi*, 1746, VI, 131) et dans Jocher (*Allgemeines Gelehrten Lexicon* (Leipzig, 1750-1751, t. III, col. 1880) un *de Raineris* (Rainerius) jurisconsulte de Pérouse, ami de Pierre Damien. — M. Conrat, lui, s'est laissé égarer davantage. Il est tombé sur ce passage de la *Somme* d'Azon : « *Ut si magister dicitur Petrus, in literatoria intelligatur scientia : si vero dicitur Petrus magister, intelligatur de Carpentario.* » Nous tenons, dit-il, l'auteur des *Exceptiones;* au lieu de *magister de Carpentario*, lisez, en effet, *magister de Carpentoracte*, et remardonné presque entièrement, je l'ai dit plus haut[1], le seul terrain solide sur lequel on pouvait faire avancer la question, j'entends l'étude des manuscrits. Au lieu d'examiner et de comparer les nombreux MSS. du Petrus, on s'est livré à des combinaisons artificielles basées sur l'édition très imparfaite de Savigny et sur quelques renseignements postérieurs glanés de ci de là.

En écrivant le second volume de mes *Origines de l'ancienne France,* je me suis trouvé en face de Petrus, j'ai porté aussitôt mon attention sur les MSS. des *Exceptiones* que possède notre Bibliothèque nationale. Ces MSS. étaient, d'après Savigny, au nombre de 3; le n° 4709 du fonds latin qui a servi de base presque exclusive à son édition, encore qu'il soit bien plus éloigné que beaucoup d'autres du type primitif, le n° 1730 dont j'aurai à parler tout à l'heure, et enfin le n° 4719 qui est comme le centre de cette étude à raison des constatations singulières qu'il m'a donné l'occasion de faire, et des résultats que fournit sa comparaison avec le MS. précédent.

quez que Carpentras est près de Valence, et que Montpellier, où Azon a enseigné, est près de Carpentras! (*Die Epitome Exactis* (Berlin, 1884), p. CCXLII-CCXLIV). — Et M. Conrat n'a pas vu qu'Azon se contente d'opposer *maître Pierre,* à Pierre le *maître charpentier!*

Voilà les résultats où peut conduire cet abus de l'hypothèse contre lequel j'ai protesté dans ma première étude et contre lequel je proteste ici encore.

(1) Voyez *suprà*, p. 5 et suiv.

CHAPITRE II.

LE MANUSCRIT LATIN 4719 DE LA BIBLIOTHÈQUE NATIONALE ET LES MANUSCRITS BARROIS 336 ET 285.

Quand j'ai demandé, il y a quelques années, à la Bibliothèque nationale, le n° 4719 du fonds latin, on m'a remis un volume qui portait, en effet, inscrit sur le dos *Tractatus juris,* mais dont le format ne concordait pas avec celui qu'indiquait le catalogue imprimé et dont l'écriture n'était ni du XIIe ni du XIIIe siècle, mais tout au plus de la fin du XIVe. Je l'examinai et vis, non sans surprise, qu'au lieu d'un traité de droit il renfermait un traité religieux, un livre de piété : *Devotus, tractatulus de spiritualibus ascensionibus.* Je cherchai le timbre de la Bibliothèque et le trouvai au milieu d'un grand B initial; mais c'était un timbre découpé ailleurs pour être collé là. Il était évident que le volume originaire avait été soustrait et qu'on l'avait remplacé frauduleusement par un manuscrit sans valeur.

Je signalai le fait à M. Léopold Delisle — non certes pour le lui faire connaître — rien lui échappe-t-il, en effet, dans l'immense trésor qui lui est confié? — mais pour en avoir l'explication. M. Delisle m'apprit que le vrai n° 4719 avait dû disparaître avant 1848 avec une vingtaine d'autres MSS. du fonds latin qu'on a retrouvés depuis dans la collection Barrois acquise par Lord Asburnham.

Je me reportai au catalogue Asburnham, j'y vis figurer un n° 336, Barrois, qui pouvait être le MS. disparu. Toutefois, le début ne cadrait pas avec les indications données dans nos anciens catalogues. D'après les Bénédictins, le volume commençait ainsi : *De datione tutelæ : Si pater vel avus non dederit in testamento*, ce qui est le commencement du livre dit de Tubingue ; le catalogue Asburnham donnait, au contraire, comme premiers mots de Barrois, 336 : *De tutelis : Scire debemus quod in tutelis femine tutores dari non possunt.*

Sur ces entrefaites, un savant allemand, M. Max Conrat, signala dans la même bibliothèque un autre MS. Barrois (n° 285), comme pouvant avoir été, à côté du livre de Tubingue, une des sources des *Exceptiones Petri*(1). Cette compilation est originaire, disait-il, du royaume de Bourgogne, car elle porte en tête *Sequitur de jure civili Burgund[iæ]* (2). On avait donc une nouvelle preuve non seulement que le *Petrus* lui-même, mais que ses sources déjà étaient d'origine française et que le Dauphiné devait être leur patrie. En outre, l'histoire du droit français s'enrichissait d'un curieux *Recueil de droit civil*, d'un recueil qui

(1) Max Conrat, *Das Ashburnhamer Rechtsbuch Quelle der Exceptiones Petri* (sans lieu ni date).

(2) M. Conrat, *op. cit.*, p. 29 et suiv.

faisait connaître le droit romain en usage dans le royaume de Bourgogne (1).

Le monde savant se souviendra longtemps de la merveilleuse sagacité avec laquelle M. Léopold Delisle a su déterminer, sans les avoir vus, les MSS. qui jadis nous avaient été dérobés pour passer dans la bibliothèque de lord Asburnham. Le MS. Barrois 285 figurait dans la liste dressée par lui, car il contenait à côté du traité de droit que je viens de mentionner un fragment du poème *De virtutibus herbarum* d'Æmilius Macer, qui avait fait partie jadis de notre fonds latin. C'est ainsi qu'il nous revint au mois d'avril 1888, en compagnie du n° 336 et de beaucoup d'autres MSS. que, grâce à M. Delisle, nous avons eu la bonne fortune de récupérer.

J'eus grande hâte, je l'avoue, d'examiner ces deux MSS. M. Delisle voulut bien satisfaire mon impatience.

Je commençai mon examen par Barrois 336, qui devait avoir été jadis le n° 4719, vu par Savigny. Je ne m'expliquai pas que le début pût être différent, quand, pour le surplus, format, âge, variantes signalées, le volume paraissait être le même. — En lisant la première phrase je remarquai qu'elle ne donnait aucun sens satisfaisant, et puis je vis apparaître une série d'erreurs de lecture du copiste tout à fait anormales, *chrimus* pour *diximus*, *earum* pour

(1) M. Conrat commente longuement les termes « *de jure civili* » du titre (*op. cit.*, pp. 18, 21).

virum, nel pour *vel, constinitorum* pour *constitutorum*. Mais ce qui acheva de m'édifier, ce furent les abréviations insolites que je rencontrai et dont aucun copiste du XIIe ou XIIIe siècle n'aurait pu se rendre coupable; par exemple : *idœ* pour *idem est, p* surmonté du signe équivalant à *re* au lieu du *p* barré, ce qui donne, par exemple, *presonarum* pour *personarum*.

La conclusion était claire, la première page du MS. était l'œuvre d'un faussaire. Mais pourtant le verso ne présentait pas les mêmes particularités et d'autre part il n'y avait sur le recto aucune solution de continuité ni la moindre trace de grattage !

La falsification avait donc été faite avec la plus grande habileté. Comment l'avait-elle été? Je réussis à le découvrir. On a substitué au premier feuillet de parchemin un feuillet nouveau sur le recto duquel un copiste moderne a transcrit, en modifiant la première phrase d'après les indications qui lui étaient données et en commettant de nombreuses maladresses, le texte originaire. Au verso, on a collé fort habilement le verso du feuillet originaire après l'avoir aminci et découpé au ras du texte. On peut encore suivre la ligne de cette découpure quoique parfois elle devienne presque imperceptible. Quelques raccords ont été faits (notamment au dernier mot), et puis la glose qui se trouvait en marge a été recopiée sur les bords (lesquels étaient constitués naturellement au verso comme au recto par le nouveau parchemin).

Pourquoi cette falsification a-t-elle été commise? peut-être pour donner le change et faire croire à l'existence d'un MS. d'autant plus précieux qu'il serait unique, peut-être tout simplement parce qu'on avait eu besoin de découper la marge et d'entamer le texte pour se procurer le timbre qu'on a recollé sur le faux 4719 dans le B initial du *Tractatus de Spiritualibus ascensionibus.*

La question, du reste, est secondaire; ce qui importe, c'est que tout doute sur l'identité de l'ancien MS. 4719 et du MS. Barrois 336 se trouve levé.

Mais le MS. Barrois 336 formait-il à lui seul l'ancien MS. 4719? Je me le suis demandé de suite en voyant que le dernier feuillet ne porte aucune trace ni de timbre ni de grattage, et que, d'autre part, les Bénédictins avaient relevé jadis cette circonstance, que le MS. 4719 était de plusieurs mains (1), alors que le MS. Barrois 336 ne paraît que d'une seule.

Je passai donc à l'examen du deuxième MS., le n° 285 Barrois. Là je ne tardai pas à constater un grattage évident au haut du 1er feuillet, et cela sur la longueur de six lignes. Le titre *Sequitur de jure civile burgundꝯ* se trouve sur la 5e ligne et le grattage continue encore au-dessous jusqu'à la rubrique de chapitre *De emphiteoteta.* Cet état matériel du MS. me fit sup-

(1) Catalogue MS. des Bénédictins : « ... Codex in quarto minori *variis manibus scriptus,* anno circiter 500 ad 600. »

poser déjà que le titre écrit sur l'une des lignes grattées était l'œuvre d'un faussaire. La supposition devint certitude quand je vis que les caractères sont maladroitement formés, que l'encre rouge est d'une teinte différente de celle des rubriques de chapitres et enfin que le mot *Burgund9* contient une erreur d'abréviation toute semblable à celle que j'avais constatée au feuillet faux du MS. 336 *Burgund9*, donne, en effet, *Burgundus* et jamais *Burgundiæ*.

Qu'avait-on gratté? J'observai que le chapitre *De emphiteoteta* constitue la dernière phrase d'un chapitre de Petrus, du chapitre III. 56, et que la première phrase de ce même chapitre se trouve au bas du dernier feuillet du MS. Barrois 336. La partie grattée n'aurait-elle donc pas contenu la phrase intermédiaire ou peut-être même tout le commencement du chapitre, car cette dernière hypothèse s'accordait mieux avec son étendue? A force de regarder et malgré l'écriture du verso qu'on voit en transparence, je finis par discerner au haut de la page quelques lettres du mot *fruendum*, un des premiers mots du chapitre III. 56 de Petrus. Un bibliothécaire aussi obligeant que savant, M. Henri Omont, voulut bien alors soumettre la partie grattée à un réactif chimique et nous vîmes apparaître à leur place les mots voisins. Mon hypothèse se trouvait confirmée [1].

(1) Voici comment j'ai pu reconstituer le haut du feuillet. Les lacunes de gauche proviennent d'un raccommodage du parchemin :

Les deux MSS. Barrois 336 et Barrois 285 s'adaptent donc l'un à l'autre, et l'on peut en conclure qu'ils constituaient par leur réunion l'ancien MS. 4719. L'exactitude de cette conclusion est mise hors de doute par une triple circonstance. En premier lieu, j'ai retrouvé des traces de pagination ancienne qui concordent avec la pagination du MS. reconstitué par hypothèse. J'ai pu ensuite déchiffrer à la fin de Barrois 285, et malgré le grattage auquel le faussaire s'était livré ici aussi, les mots *ex dono Claudii Faucheti*. Or cette mention est incontestablement de la main de Claude Dupuy, dont l'écriture est bien connue par les nombreux échantillons qui s'en rencontrent dans la collection Dupuy, et d'autre part le MS. 4719 provenait précisément de la Bibliothèque de Dupuy où il portait le n° 88.

Enfin, dernière preuve, le MS. 336, au recto de son deuxième feuillet et le MS. 285 au verso de son dernier, ont des gloses d'une même écriture du XIIIe ou XIVe siècle.

Le MS. 4719 est donc retrouvé dans son ensemble

um fruendum conduxerunt a municipibus
efficiantur domini tamen complacuit eis competere in rem
ctionem adversus quemvis possessorem sed etiam adversus ipsos
municipes ita tamen si vectigal solverent. Idem est si ad

La ligne suivante est recouverte en grande partie par le titre faux *Sequitur de jure civili burgund9*. Le titre du chapitre : *De emphitheoteta* est placé sur la ligne d'après.

et du même coup tombe tout l'échafaudage que M. Max Conrat avait étayé sur le faux titre *Sequitur de jure Burgundiæ*.

Je dois avant de passer outre signaler encore cette particularité du MS. Barrois 285 qu'une série de vingt-neuf définitions qui se retrouvent toutes dans l'*Expositio terminorum* (1er appendice de Petrus) (1) et plusieurs chapitres des *Exceptiones*, les chapitres IV, 14; II, 45; III, 55, sont placés après l'*Explicit* (2). On peut se demander si l'on n'aurait pas rejeté ces chapitres à la fin du MS. pour opérer une soudure avec le MS. 336 lequel se terminait, on s'en souvient, par la phrase même qui commence le MS. 285. J'ai, en effet, retrouvé dans les *Excerpta* qui accompagnent

(1) Ces définitions sont transcrites dans l'ordre suivant :

1. App. Petri (Ed. Fitting), I, 55.
2. App. I, 43.
3-5. App. I, 56-58.
6. App. I, 42.
7-20. App. I, 59-72.
21. App. I, 38.
22-24. App. I, 73-75.
25. App. I, 48.
26-29. App. I, 76-79.

Je n'ai de variantes à signaler que pour les nos 6 et 9. Le no 6 (App. I, 42) est tel : « Dolus malus est omnis machinatio et omnis fallatia et calliditas adhibita causa ad decipiendum aliquem. » — Le no 61 (App. I, 61) : « Restitutio in integrum est vulnerate rei remedium, » il n'a pas la phrase suivante qui a tout le caractère d'une glose : « Figurative dixit « vulnerate » id est lese. »

(2) Le chapitre qui précède cet *Explicit* est le chapitre II, 61, des *Exceptiones*.

le livre dit de Tubingue dans le MS. de Cambridge les trois chapitres ci-dessus disposés exactement dans le même ordre

IV, 14.
II, 45.
III, 55.

et suivis du chapitre III, 56, le chapitre précisément qui est au haut du premier feuillet du MS. 285. La rubrique se trouvait donc au bas du f° précédent qui a disparu, et elle devait être précédée des chapitres IV, 14; II, 45; III, 55. Il est possible, comme je l'ai dit, que ces chapitres ont été transcrits de propos délibéré après l'*Explicit,* pour que les 2 MSS. 336 et 285 s'adaptassent, mais peut-être aussi l'ont-ils été par suite d'une circonstance fortuite qui a pu dans la suite donner l'idée de la soudure : négligence du copiste qui avait omis par mégarde de transcrire le feuillet initial, perte momentanée ou mutilation de ce feuillet, etc.

Les deux parties qui composaient jadis le MS. 4719 forment un *Petrus* complet moins six chapitres[1].

(1) Voici quels sont ces six chapitres : Petrus, I, 1; I, 52; II, 20; III, 36; III, 48; IV, 37.

Par contre, le MS. Barrois 285 a deux chapitres qui n'ont pas passé dans le *Petrus* complet :

De crimine majestatis proximo sacrilegio. (n° 9, f° 58.)

Ulpianus. Libro VI, De off. prætoris. Proximum sacrilegio est crimen quod majestatis dicitur. Majestatis autem crimen est illud

La première est le recueil qu'on a appelé jusqu'ici livre de Tubingue, je l'appellerai de préférence COLLECTION A, et COLLECTION B la seconde.

Mais ici se pose une question de grand intérêt. Ces deux parties s'offrent-elles à nous dans leur forme originaire, dans la forme où le compilateur connu sous le nom de *Petrus* les a utilisées? Le MS. 1730 de la Bibliothèque nationale, MS. que Savigny avait examiné de la manière la plus superficielle, et qui depuis lors n'a pas été étudié, me paraît démontrer le contraire. De plus, si on le compare avec le MS. 4719 reconstitué, il jette un jour très vif sur la formation du *Petrus*.

quod adversus p. r. (populum romanum) vel adversus securitatem ejus committitur.

(L. 1 pr. et § 1, *Ad legem Juliam maj.*, 48, 4).

De stipulationibus. (nº 110, fº 71 rº-vº.)

Semper in stipulationibus et in ceteris contractibus id sequimur quod actum est. Et si non appareat quod factūm sit, erit consequens ut id sequamur quod in regione in qua actum est frequentatur (1re phrase de L. 34, *De div. reg. juris*, 50, 17).

CHAPITRE III.

LE MANUSCRIT LATIN 1730 DE LA BIBLIOTHÈQUE NATIONALE.

En analysant de très près le MS. 1730, j'ai acquis la conviction que le texte qui lui a servi de base est le type primitif de *Petrus*. Si l'on part, en effet, de la supposition assurément légitime que le compilateur Petrus a fondu ensemble les collections A et B en y ajoutant six chapitres qu'il a puisés dans une ou plusieurs autres sources qu'on peut appeler C, il a dû faire copier les chapitres successivement dans l'une et l'autre collection. Or, dans le MS. 1730, nous assistons à ce travail, et l'on peut y signaler un assez grand nombre d'erreurs de transcription provenant de là et ne s'expliquant qu'ainsi. Le compilateur indiquait au copiste le chapitre de la collection A ou B où il devait puiser, soit par la suscription (les collections n'avaient pas de rubriques de chapitres[1]), soit par

(1) Il est clair, à première vue, que les rubriques du MS. Barrois 336 ont été ajoutées après coup. Elles ont pris la place, après grattage, de lignes quadrillées à l'encre rouge qui remplissaient les blancs entre deux chapitres consécutifs, et là où le texte se suivait sans interruption ni alinéa elles ont été écrites en marge. Cette constatation matérielle se trouve confirmée par les inadver-

les premiers mots. Mais, à nombreuses reprises, le copiste se trompe, il transcrit un chapitre soit de la collection A soit de la collection B, au lieu d'un autre, par la raison que les deux chapitres commencent par les mêmes mots ou la même suscription, et ainsi on trouve l'un des chapitres deux fois répétés tandis que l'autre manque. Cela devient surtout saillant quand on observe l'ordre dans lequel les chapitres sont disposés dans les deux collections.

Voici des exemples qui justifieront ce que j'avance :

1° Au f° 112 v°, col. 2, du MS. 1730, au lieu de Petrus II, 5, *De certo die dandi,* on trouve le chapitre *De re commodata,* c'est-à-dire Petrus II. 25. — Pourquoi cette erreur? — Si le copiste avait eu sous les yeux la compilation déjà toute formée, elle ne se

tances du rubriqueur. A cet égard, la fausse rubrique *De donatione inter virum et uxorem* que Savigny déjà avait signalée dans le MS. 4719 et qui se retrouve, en effet, dans Barrois 336, est tout à fait probante. Cette rubrique a été intercalée, par erreur, dans le chapitre n° 5 *bis* du MS.; or, cela semble inexplicable puisque le chapitre auquel elle s'applique ne vient que 13 feuillets plus loin sous le n° 37. Rien de plus simple, au contraire, si l'on admet que les rubriques ont été ajoutées postérieurement à l'aide d'un Petrus complet. Dans celui-ci, en effet, le chapitre 5 *bis* du MS. Barrois 336 représente le chapitre I, 35 et il est suivi immédiatement, sous le n° 36, du chapitre *De donatione inter virum et uxorem.*

C'est sans nul doute aussi à la circonstance que les rubriques ont été mises après coup qu'il faut attribuer le dédoublement de certains chapitres. Dans Barrois 336, il y a deux rubriques (chap. 43 et 44) pour le chapitre I, 42 de Petrus, deux (83 et 84) pour le chapitre II, 1 ; dans Barrois 285, le chapitre I, 40 de Petrus, a été décomposé par le rubriqueur en les deux chapitres 105 et 106.

comprendrait pas. Sans doute, il pouvait omettre par mégarde de transcrire le chapitre II, 5, mais pourquoi lui en aurait-il substitué un autre placé beaucoup plus loin? Tout s'explique, au contraire, si l'on suppose que le copiste (soit du MS. 1730 lui-même, soit plutôt du MS. sur lequel 1730 a été copié, et que je considère dès lors comme le manuscrit initial du Petrus proprement dit) avait devant lui d'une part les deux collections A et B, d'autre part un tableau indiquant l'ordre dans lequel il devait ranger les chapitres qu'il copierait dans l'une et dans l'autre, ces chapitres eux-mêmes étant, à défaut de rubrique, désignés par les premiers mots. Arrivé sur son tableau à II, 5, il a lu *Pomponius lib. XXV ad Quintum mucium* (1), que ce soit par sa faute ou par celle du compilateur, au lieu de *Pomponius lib. XXV ad Sabinum* qui était le véritable chapitre II, 5, à prendre dans la collection B. Il cherche dans cette collection il n'y trouve que *Pomponius lib. XXXV ad Quintum mutium* (Petrus II. 25) et le transcrit. Plus loin alors il recopiera le même fragment, à son rang, avec le véritable intitulé : *Pomponius lib. XXXV.*

2° Une substitution analogue se rencontre au feuillet suivant (f° 113 v°, col. 2). Le copiste devait transcrire *Pomponius lib. XIII ad Sabinum* (Petrus, II. 18). La suscription cette fois est exacte, mais le

(1) C'est en effet ainsi que la suscription de ce chapitre est écrite dans le MS. 1730.

copiste en cherchant dans la collection B se trompe et copie *Pomponius lib. XIIII ad Sabinum* (c'est-à-dire Petrus III. 61), erreur d'autant plus explicable que ce texte se présente à lui avant le véritable. Il forme en effet le 28e chapitre de la collection B, tandis que *Pomponius lib. XIII ad Sabinum* ne vient que sous le n° 40. Cette fois encore cela n'empêcha pas plus tard le copiste d'insérer de nouveau *Pomponius lib. XIIII* à son rang.

3° Il y avait dans la collection B trois textes d'Ulpien *ad Sabinum*, l'un du livre XXVIII et les deux autres du livre XXXVIII. Ils étaient rangés dans l'ordre suivant :

N° 26. Ulpien XXXVIII *ad Sabinum.*
N° 38. Ulpien XXVIII *ad Sabinum.*
N° 41. Ulpien XXXVIII *ad Sabinum.*

Sous Petrus II. 7, de la compilation définitive, le copiste avait à transcrire *Ulpian. XXVIII ad Sabinum* (le n° 38), mais il s'arrête au n° 26 et le copie.

Sous Petrus II. 49, il avait à transcrire *Ulpian. XXXVIII ad Sabinum* (le n° 41), mais il s'arrête au n° 38.

Sous Petrus III. 26, il avait à transcrire *Ulpian. XXXVIII ad Sabinum* (le n° 26), il le copie de nouveau.

Ainsi le n° le plus éloigné (n° 41) ne fut pas transcrit, tandis que le premier, dans l'ordre de la collection B, le fut deux fois.

4° Autres substitutions semblables :

Petrus II, 3, manque. On a mis à la place II, 12, qui commence par les mêmes mots : « *Si quis rem suam.* »

Petrus II, 15, manque. On lui a substitué, en faisant un chapitre spécial, la deuxième phrase de II, 16, dont le commencement est identique : « *Si quis rem alienam.* »

D'autres fois le copiste s'acquitte maladroitement de sa tâche en copiant plus ou moins de ce qu'il doit transcrire. On trouve fréquemment dans le MS. 1730, à la suite d'un chapitre, un fragment d'un chapitre différent, très éloigné de l'autre dans le véritable *Petrus,* mais qui le suit immédiatement dans l'une des collections A ou B. Cela démontre encore à l'évidence que le MS. 1730, ou tout au moins le texte dont il est sorti, n'a pas été copié sur un Petrus, mais puisé directement dans les collections A et B.

J'en indique des exemples pour les deux collections.

1° *Collection A.*

Le fait est saillant. Le copiste devait reproduire Petrus I, 24, il le copie et il y ajoute Petrus I, 56. Mais pourquoi? C'est que le chapitre I, 24, des *Exceptiones* représente le n° 102 de la collection A et que le chapitre I, 56 en forme le n° 103. Ces 2 chapitres parurent au copiste n'en faire qu'un seul, et, en effet, ils sont comme les deux membres d'une même phrase.

Il les copia donc à la file, puis recopia ultérieurement le second, quand son tour vint (I. 56).

2° *Collection B.*

Le copiste devait prendre dans cette collection Petrus I, 53 (Barrois, 285, n° 13) c'est-à-dire *Paulus, Lib. II, Sententiarum.* Il trouve à la fin de ce chapitre *Idem in eodem.* Si quis... (Barrois, 285, n° 14) et il copie sans désemparer : *Idem in eodem.* Cela n'aurait pu arriver s'il avait eu sous les yeux un Petrus complet ; car le second texte y forme un chapitre spécial, très éloigné du premier (le chapitre III. 21), et commençant par les mots : *Paulus in libro secundo.* Ce chapitre, le copiste l'a reproduit une deuxième fois sous cette forme et à son rang.

Je relève maintenant la circonstance que le texte du MS. 1730 est plus pur et plus correct, plus précis, moins chargé de redondances que celui des autres MSS. de Petrus — et que beaucoup de phrases incidentes ne s'y trouvent pas. Celles-ci apparaissent dès lors comme des gloses ajoutées après coup.

Il me sera facile de mettre ces deux points en lumière.

Voici d'abord quelques exemples qui me paraissent établir la plus grande correction du texte.

1° Le chapitre de Petrus II. 1, commet une erreur en assimilant la simple promesse au paiement *ob turpem causam.* La C. 5, *De condictione ob turp. caus.*

(4.7) décide formellement le contraire pour la *meretrix.* Or, cette erreur ne se trouve pas dans le MS. 1730. Relativement au voleur, il est dit : « *Cum aliquid datur furi* » et non pas « *Datur vel promittitur.* » Quant à la *meretrix,* le texte bien interprété ne la contient pas non plus; il prêtait seulement à une ambiguité qui a dû la faire naître plus tard. Il porte, en effet : « ... Tunc illud quod datum est non restituatur. Si datum non est sed promissum tantum, veluti quod datur vel promittitur meretrici, dicit enim liber Digestorum : meretrix... » Ici, la loi du Digeste était invoquée dans le but d'expliquer pourquoi on s'était borné à dire « *quod datum est.* » Toute l'incidente était donc une simple explication (peut-être déjà une glose), tandis qu'un copiste ou un interpolateur postérieur en a fait une décision nouvelle et l'a même étendue au voleur.

2° Dans le même chapitre (II. 1), le MS. 1730 a la leçon : « Si datum est non debet *reddi,* » au lieu que les autres MSS. portent *recipi,* ce qui est une erreur, ou *repeti,* ce qui est moins rigoureux.

3° Dans le chapitre III. 57, la dernière phrase manque. Et, en effet, elle n'a pas de sens. Elle n'est que le commencement du § 28, L. 15, *De injuriis et fam. lib.* (47. 10).

4° Le chapitre IV. 8 a été transformé dans les autres MSS. Dans le MS. 1730, il n'y est question que du juge jugeant mal par *erreur* ou *imprudence,* comme la rubrique du Petrus le porte encore; plus tard, seulement (déjà dans la forme où la collection A nous est parvenue), on a distingué deux cas : l'erreur et la mauvaise foi (1).

Quant au second point, absence dans le MS. 1730 d'un certain nombre de phrases qui paraissent des gloses intercalées ou des additions ultérieures, je me bornerai à signaler les lacunes suivantes :

1° Petrus I. 9. Manque la phrase « Et hoc credas... » En outre, au lieu de la seconde phrase « Unde tamen sapias..., » on lit seulement « Alimonias etiam parentibus non habentibus soli legitimi præstare cogendi sunt. »

2° Petrus I. 12. Les deux premières causes d'exhérédation sont seules indiquées (2).

3° Petrus I. 51. Manque à la fin le membre de phrase : « testimonium tamen et mentionem nuptiarum faciunt. »

4° Petrus I. 60. Manque à la fin : « Emphyteuticam vero per triennium. »

5° Petrus II. 1. Manque depuis « *vel cum tenenti possessionem* » jusqu'à « *cum ex parte dantis.* »

6° Petrus II. 2. Manque à la fin « id est postquam equum emisti, etc. »

(1) Voici le texte du MS. 1730 (f° 124) :

« *De judicis ignorantia.* Judex si per ignorantiam vel imprudentiam injuste judicat, dampnum quod lese parti contingit per inscientiam suam restituet et perpetuo sit infamis et deinceps officium judicandi non teneat. »

(2) C'est dans la partie omise que se trouve le mot *faculatores*.

7° Petrus II. 46. Le chapitre se réduit à la première phrase.

8° Petrus III. 10. Le texte s'arrête à « *nisi* » de l'avant-dernière phrase.

9° Petrus IV. 28. La première phrase seule jusqu'à « quia ego. »

10° Petrus IV, 55. Manquent les trois dernières phrases.

11° Il est à noter que les cinq derniers chapitres de Petrus (IV. 56 à IV. 61), tous cinq dérivés de la collection B (n°ˢ 47, 49, 51, 55, 48 de Barrois 285), ne se trouvent pas dans le MS. 1730.

Nous venons de constater que des parties du texte de Petrus qui ont dû y être incorporées successivement sous forme d'additions ou de gloses manquent encore dans le MS. 1730. Par contre, on trouve déjà dans ce MS. un certain nombre des gloses que M. Fitting a publiées d'après le MS. de Prague. Elles offrent cette particularité d'être transcrites après le chapitre correspondant, séparées d'ordinaire du texte par le mot *extra,* une fois (f° 121 r°, col. 2. Petrus III. 46) par les mots *extra causam.* Le copiste qui devait puiser dans les deux collections A et B a sans aucun doute copié les gloses qu'il y rencontrait en les distinguant de la sorte. S'il en est ainsi, les deux collections étaient glosées, car les gloses se rapportent à toutes deux, comme on en jugera par ce tableau.

Collection A.

Petrus I. 20 (f° 107), glose n° 20 (de l'édit. Fitting).
— I. 32 (f° 108), glose n° 63.
— III. 46 (f° 121), glose n° 251.
— III. 51 (*ibid.*), glose n° 258.
— III. 53 (f° 121), glose n° 261.
— IV. 13 (f° 124), glose n° 294.

Collection B.

Petrus II. 42 (f° 115), glose n° 172.
— III. 24 (f° 119), glose n° 222.
— IV. 14 (f° 124), glose n° 295.
— IV. 52 (f° 127 r°), glose n° 342.

Il faut ajouter à ces gloses la glose n° 1 de l'édition de Fitting, qui est placée dans notre MS. après la table des rubriques, et la glose 41 qui est confondue avec le texte de Petrus I. 20 (f° 107) (1). Au total nous n'arrivons qu'à douze gloses de cette espèce alors que le MS. de Prague, en faisant abstraction des simples allégations de texte, en contient environ 80.

A ces douze gloses anciennes, d'autres plus récentes ont été ajoutées en marge du MS. 1730. Ce sont les suivantes :

(1) Le mot *extra* a dû tomber et l'on se rend compte alors comment des gloses ont pu être sans peine incorporées au texte.

Petrus I. 12, glose n° 29 de l'édition Fitting.
— I. 34, glose n° 72.
— I. 43, glose n° 88.
— II. 1, glose n° 131.
— II. 10, glose n° 128.

Deux d'entre elles présentent des variantes intéressantes (1).

En résumé, le MS. 1730 nous fournit le type primitif et de la collection en 4 livres et des deux compilations A et B. Mais alors, les variantes de son texte doivent en quelque sorte faire preuve. Or que porte le prologue? — Le livre est dédié non pas à un Odilon, mais à un Saxilon, magistrat, non pas de Valence, mais de Florence, et cette même ville de Florence réapparaît dans le MS. 4709 et dans le MS. de Turin (2). Valence ne figure en définitive que dans le seul MS. de Prague.

Le Valence dont il est question dans ce MS. se trouve donc relégué à l'arrière-plan. Ce doit être une

(1) La glose 88 est ainsi conçue dans le MS. 1730 (f° 110 r°) : « Hujus capituli sententia magis respicit ad utilitatem mariti quam uxoris propter honera matrimonii que sustinet vir; mulier enim non sustinet hominem. »

La glose 128 porte (f° 113 r°) : « Stipulationum alie sunt judiciales, alie pretorie, alie conventionales, alie communes. Judiciales sunt quas judex constituit ut de dolo cautio; pretorie sunt quas pretor constituit, ut dampnum infecti vel legatarii, etc. »

(2) Dans le MS. du Vatican il y a *Guillelmo* et pas de désignation de ville. Quant au MS. de Cambridge, voir *infrà*, 3e Étude, chap VI.

ville italienne comme Florence, mais de moindre importance. Pourquoi ne pas y reconnaître la ville de ce nom que l'on trouve en Lombardie? La fameuse phrase *possessionem quam in Galliæ partibus appellamus honorem* manque dans le MS. 1730; c'est donc une glose postérieure (1). Je pourrai facilement pousser cette démonstration plus loin : mais mon but principal dans cette Etude a été de mettre en lumière le véritable caractère des MSS. parisiens de Petrus. Je me bornerai donc, pour finir, à quelques réflexions d'ordre plus général auxquelles j'ai été conduit par leur examen.

(1) A propos de la distinction des pays de droit écrit et de coutume (Petrus II. 31) qui, du reste, peut s'appliquer aussi bien à l'Italie qu'à la France, il est à remarquer que le MS. Barrois 336 a cette variante qui ôte toute rigueur à la distinction : « His partibus in quibus *legis utriusque* prudentia viget » (Barrois 336, n° 114, de même MS. de Prague-Schulte, n° 269, Schulte, *loc. cit.*, p. 205, note 20).

CHAPITRE IV.

CONCLUSIONS GÉNÉRALES.

Les collections A et B paraissent s'être formées à l'aide d'*Excerpta*, d'extraits non seulement des lois romaines, mais d'anciens commentaires, de glossaires, de collections canoniques. Cette formation successive et complexe explique et l'incertitude sur la date des *Exceptiones* et le désordre qui règne dans les deux collections A et B où l'on a ajouté bout à bout des *séries* empruntées à divers recueils d'*Excerpta* (1).

J'ai retrouvé l'une de ces séries dans le MS. de Cambridge (2). Une ou plusieurs autres sont peut-être représentées dans la *Collection Cæsaraugustana* où j'ai relevé quinze chapitres de Petrus dont quelques-uns au moins semblent appartenir à une même série (3). Toutefois, il n'est pas impossible que cette collection ait puisé dans Petrus, auquel cas on aurait la preuve que la forme où le MS. 1730 nous laisse entrevoir les *Exceptiones* existait déjà à la fin du XIe siècle.

(1) Voyez plus loin (Appendice III), les tableaux synoptiques des diverses sources directes ou indirectes qui ont servi à constituer les *Exceptiones*.

(2) C'est la série des Livres 4 à 13 du Digeste. Voyez *infrà*, Appendice III, n° II, et 3e Etude, chap. VI, nos 17-28.

(3) *Infrà*, Appendice III, n° IV.

La grande quantité de textes du Digeste qui se trouvent dans les *Excerpta* d'où le Petrus est sorti fait penser que ceux-ci ne remontent pas plus haut que le dernier tiers du XIe siècle. On y a intercalé de nombreuses définitions empruntées à des glossaires : on y a incorporé en outre des gloses primitivement marginales ou interlinéaires (1).

(1) J'ai montré plus haut comment une glose du MS. de Prague se trouve déjà incorporée au texte du MS. 1730 (Petrus I. 20) (*suprà*, p. 214). Le même fait se constate dans le MS. de Cambridge qui contient, on le sait, la collection A. Voici d'autres phénomènes analogues.

1° Dans le MS. 1730 l'incidente dont je viens de parler : « Alere est » est suivie de la phrase « Peculium est » qui, dans l'ordre du *Petrus* ne forme que le chapitre I. 67, mais qui, dans le MS. Barrois 336, suit immédiatement le chapitre correspondant à Petrus I. 20. Il y a donc là selon toute vraisemblance une glose incorporée au texte de la collection A et dont le compilateur des *Exceptiones* a fait ensuite un chapitre spécial qu'embarrassé à classer il a rejeté à la fin du livre I.

2° Dans le chapitre 3 du MS. Barrois 336 et dans le MS. de Cambridge (collection A) (Petrus I. 34), le texte renferme une phrase : « Id est si que res fuerint ei in dotem date sub extimacione precii » qui manque dans les MSS. 4709 et 1730 mais qui existe comme glose marginale dans le MS. de Prague (n° 71 de l'édition Fitting).

3° Dans le MS. Barrois 336 et dans le MS. de Cambridge, le chapitre correspondant à Petrus I. 32 (chapitre 134 de Barrois 336) se termine par les mots « *id est integra falcidia* » qui ne sont que la glose 63 du MS. de Prague.

4° Le chapitre 2 de Barrois 336 (Petrus I. 6) contient, vers la fin, une phrase : « Hæc vera sunt si mater, etc.... » qui figure encore comme glose marginale dans le MS. 1730, f° 105 v°. Elle s'est fondue ultérieurement avec le texte non seulement de la collection A mais des *Exceptiones*.

Ce travail d'intercalation était déjà commencé quand la réunion des deux collections A et B a été opérée (1) avec adjonction de six chapitres nouveaux. Le compilateur ne fit, comme il le dit lui-même, que réunir des *Exceptiones,* peut-être son prologue fut-il d'abord purement banal comme celui que j'ai retrouvé en tête du MS. de Cambridge (2), c'est-à-dire sans indication ni de magistrat ni de ville. Est-il certain même que le nom de *Petrus* ait plus de réalité que celui des personnages fictifs *Petrus* et *Martinus* des formules lombardes, personnages que l'on voit apparaître dans les *Exceptiones* (I. 9) (3)? En tout cas, le rôle du compilateur se réduisit à mettre en ordre, à faire quelques raccords et à ajouter quelques gloses d'équité. Son travail n'a pu être fait en France, où il était, du reste, sans intérêt pour la pratique et où il n'y a pas trace d'un enseignement proprement dit du droit avant le XIIe siècle (4).

La compilation en quatre livres une fois formée, elle s'accrut de deux chapitres nouveaux (P. II, 22

(1) La collection A devait se composer originairement des 136 premiers chapitres. Ce sont les seuls qui ont passé dans Petrus, et ils y ont passé tous. Deux chapitres seulement de la collection B (les chapitres 9 et 110) ne furent pas admis dans la compilation générale.

(2) *Infrà,* 3e Étude. chap. VI.

(3) Les mots *Petri et Martini* ont été grattés dans le MS. Barrois 336, mais on peut encore les discerner malgré le grattage. Je signale le fait, sans chercher à l'expliquer.

(4) *Suprà,* 1re Étude, p. 108 et suiv.

et P. III, 68) (1) et de nombreuses intercalations. De leur côté, les deux collections A et B, la première surtout, n'en continuèrent pas moins à vivre et à se reproduire, à se compléter ou à se démembrer. Elles se complétèrent à l'aide du Petrus lui-même, car on peut voir clairement dans le MS. Barrois 336 et dans le MS. de Cambridge non seulement que les rubriques des chapitres ont été ajoutées après coup d'après un Petrus complet, mais que le texte lui-même a été corrigé de la sorte. Elles se complétèrent surtout par des appendices et des gloses, et celles-ci, après comme avant la refonte en quatre livres furent ajoutées en divers lieux, en France, en Espagne, en Italie, comme en témoignent des expressions qui proviennent de ces trois pays : *busnardi, soldatas* de la France, *contorius* de l'Espagne où ce mot se rencontre sous les formes : *comitor* dans les usages de Barcelone, *comdorius* dans le testament de Jacques d'Aragon publié par d'Achery (2), enfin pour l'Italie *improperium* qui se lit déjà dans Cassiodore et la curieuse leçon *afaduratores* que nous fournit seul le MS. Barrois 336 et qui correspond soit à *affacturator* (facinator) des statuts d'Asti, soit plutôt à *affaturatore* (veneficus) donné par l'académie *della Crusca*.

Telles sont les principales vues d'ensemble que

(1) Ces deux chapitres manquent à la fois dans les deux collections A et B et dans le MS. 1730.

(2) C'est évidemment l'homme armé de la lance, du *contus*, en d'autres termes le *miles* du moyen âge.

m'a suggérées l'étude des manuscrits parisiens de Petrus. Je prie qu'on ne se méprenne pas sur le degré de certitude que je leur attribue : je ne les considère que comme préparatoires. Elles ont besoin d'être confirmées et peut-être se modifieront-elles par l'examen critique et la comparaison minutieuse des autres MSS. Jusqu'à ce que ce double travail ait été fait, je considère, je l'ai dit au début, tout jugement définitif comme prématuré. Ce travail, je compte l'entreprendre un jour, mais si un savant me distance, je lui en laisserai volontiers le mérite, dans la confiance qu'il s'en acquittera mieux que moi. J'espère seulement que l'étude qu'on vient de lire et l'appendice qui va suivre n'auront pas été inutiles à cet objet.

DEUXIÈME ÉTUDE

APPENDICES

APPENDICE I.

CHAPITRES ET SUPPLÉMENT DE LA COLLECTION A.

(BARROIS 336.)

1° CHAPITRES AVEC RUBRIQUE.

Cap. 1 (f° 1 r°) (Petrus I. 3). *De tutelis.* Scire debemus quod in tutelis femine tutores dari non possunt, quia id munus masculorum est (1) : masculini sexus proximiores sunt : sive ex parte patris...

Cap. 2 (f° 1 r°-f° 3 v°) (P. I. 6). *De ordine personarum.*

Cap. 3 (f° 3 v°) (P. I. 34). *De alienatione dotis.*

Cap. 4 (f° 4 r°) (P. I. 33). *De acceptione dotis.*

Cap. 5 (f° 4 v°) (P. I. 35[a]) (2). *De dotis alienatione.*

Cap. 5bis (f° 5 r°) (P. I. 35[b]). *De donatione inter virum et uxorem* (3).

(1) J'ai démontré plus haut que tout ce début est l'œuvre d'un faussaire, et que le r° du premier feuillet a été entièrement recopié.

(2) S'arrête avant les mots : « Idem est in persona. »

(3) Rubrique transposée.

Cap. 6 (f° 5 v°) (P. I. 37). *De solutione matrimonii.*

Cap. 7 (f° 6 v°) (P. II. 28). *De debitore et fidejussore.*

Cap. 8 (*ibid.*) (P. I. 38). *De migratione ad secundas nuptias.*

Cap. 9 (f° 7 r°) (P. II. 13). *De venditione proprie rei.*

Cap. 10 (f° 8 r°) (P. II. 21). *De re alterius suscepta in custodia.*

Cap. 11 (*ibid.*) (P. II. 23). *De re locata.*

Cap. 12 (*ibid.*) (P. II. 24). *De commodata.*

Cap. 13 (f° 8 v°) (P. II. 14). *De re vendita.*

Cap. 14 (f° 9 r°) (P. IV. 17). *De eo qui justiciam facere noluerit.*

Cap. 15 (*ibid.*) (P. III. 1). *De furto mobilis rei.*

Cap. 16 (f° 9 v°) (P. III. 2). *De rapina mobilis rei.*

Cap. 17 (f° 10 v°) (P. IV. 16). *De eo qui ante judicem venire noluerit.*

Cap. 18 (f° 11 r°) (P. III. 42). *De occisione servi vel animalium.*

Cap. 19 (f° 11 v°) (P. III. 46). *De eo qui alium verberaverit vel vulneraverit.*

Cap. 20 (f° 12 r°) (P. III. 11). *De invasione inmobilium rerum.*

Cap. 21 (f° 12 v°) (P. III. 43). *De interfectione vel vulnere animalium alterius.*

Cap. 22 (f° 13 r°) (P. III. 3). *De exhortacione furti vel rapine.*

Cap. 23 (f° 13 v°) (P. III. 4). *De re alterius suscepta inventa et celata.*

Cap. 24 (*ibid.*) (P. III. 5). *De furto vel rapina.*

Cap. 25 (f° 14 r°) (P. III. 44). *De silvestribus animalibus.*

Cap. 26 (f° 14 v°) (P. III. 47). *De incitatione alienorum canum.*

Cap. 27 (f° 14 v°) (P. III. 49). *Si naturaliter animal danpnum fecerit.*

Cap. 28 (f° 15 r°) (P. III. 50). *De occisione vel vulneratione animalium inter se.*

Cap. 29 (f° 15 v°) (P. III. 51). *Si se defendendo inferat aliquis molestiam.*

Cap. 30 (f° 15 v°) (P. III. 45). *De captione apium.*

Cap. 31 (f° 16 r°) (P. II. 3). *De re donata si nondum tradita.*

Cap. 32 (f° 16 r°) (P. I. 39). *De ductione cognate.*

Cap. 33 (f° 17 v°) (P. II. 6). *De donatione causa metus.*

Cap. 34 (f° 18 r°) (P. III. 6). *De questione servitutis vel furti.*

Cap. 35 (f° 18 r°) (P. III. 7). *De criminali quæstione.*

Cap. 36 (f° 18 v°) (P. I. 7). *De donatione patris.*

Cap. 37 (f° 19 r°) (P. I. 36). Rubrique manque.

Cap. 38 (*ibid.*) (P. I. 41). *De concubine ductione.*

Cap. 39 (f° 19 v°) (P. I. 8). *De donatione patris.*

Cap. 40 (f° 20 r°) (P. I. 9). *De donatione matris.*

Cap. 41 (f° 21 r°) (P. II. 8). *De promissione et aditione pene.*

Cap. 42 (f° 21 v°) (P. I. 64). *De clericis.*

Cap. 43 (*ibid.*) (P. I. 42b) (1). *De sponsalibus.*

(1) 2e phrase de Petrus I. 42.

Cap. 44 (*ibid.*) (P. I. 42ᵃ). *De uxore defuncti.*

Cap. 45 (*ibid.*) (P. I. 65). *De rebus mobilibus ecclesiarum.*

Cap. 46 (f° 22 r°) (P. I. 14). *De venditione liberorum.*

Cap. 47 (*ibid.*) (P. IV. 42). *De certo perjurio.*

Cap. 48 (f° 22 v°) (P. IV. 43). *De deferendo jusjurando.*

Cap. 49 (f° 23 r°) (P. IV. 7). *De personis in judicio necessariis.*

Cap. 50 (f° 24 r°) (P. IV. 30). *De unius testimonio improbando.*

Cap. 51 (f° 24 v°) (P. IV. 31). *Qui debeant recipi ad testimonium.*

Cap. 52 (*ibid.*) (P. IV. 35). Rubrique manque.

Cap. 53 (*ibid.*) (P. IV. 36). *Id.*

Cap. 54 (*ibid.*) (P. IV. 34). *Id.*

Cap. 55 (f° 25 r°) (P. IV. 40). *De testimonio patris et filii inter se.*

Cap. 56 (f° 25 v°) (P. IV. 13). *Ad quem pertineat probatio.*

Cap. 57 (*ibid.*) (P. IV. 41). *Quod sacramentum probatio non est.*

Cap. 58 (*ibid.*) (P. IV. 32). *De servo ad testimonium non recipiendo.*

Cap. 59 (*ibid.*) (P. IV. 45). *De litigatoribus.*

Cap. 60 (f° 26 r°) (P. IV. 46). *De contencione inter seniorem et vassallum.*

Cap. 61 (f° 26 r°) (P. III. 52). *De inclusione animalium.*

Cap. 62 (*ibid.*) (P. I. 2). *De canonibus IIII^or conciliorum.*

Cap. 63 (f° 27 r°) (P. I. 15). *De causis exheredationis liberorum.*

Cap. 64 (f° 27 v°) (P. I. 28). *Inter quas personas nuptiæ fieri non debent.*

Cap. 65 (*ibid.*) (P. II. 16). *De emptione et venditione aliene rei.*

Cap. 66 (f° 28 r°) (P. III. 12). *De edificatione quæ fit in alieno solo.*

Cap. 67 (f° 29 r°) (P. IV. 10). *De consuetudine regionis servanda in testamentis faciendis.*

Cap. 68 (f° 29 r°) (P. I. 16). *De heredibus.*

Cap. 69 (f° 29 v°) (P. I. 43). *De dotis datione.*

Cap. 70 (*ibid.*) (P. II. 27). *De debitore et fidejussore.*

Cap. 71 (P. II. 26). Rubrique manque.

Cap. 72 (f° 31 r°) (P. I. 18). *De auferenda hereditate liberorum.*

Cap. 73 (f° 31 v°) (P. I. 19). *De vendenda hereditate.*

Cap. 74 (*ibid.*) (P. IV. 6). *De ascensione dignitatis.*

Cap. 75 (*ibid.*) (P. IV. 38). Rubrique manque.

Cap. 76 (f° 32 r°) (P. III. 8). *De re alterius.*

Cap. 77 (*ibid.*) (P. III. 9). *De rei mobilis possessione.*

Cap. 78 (f° 32 v°) (P. III. 10). *De rei immobili.*

Cap. 79 (f° 33 v°) (P. III. 13). *De rei alienatione.*

Cap. 80 (*ibid.*) (P. III. 14). *De furto a pluribus facto.*

Cap. 81 (f° 34 r°) (P. III. 15). *De domo incensa a pluribus.*

Cap. 82 (f° 34 v°) (P. III. 16). *De perditione furatæ rei.*

Cap. 83 (*ibid.*) (P. II. 1[a]). *De qualitate donationis* (1).

Cap. 84 (*ibid.*) (P. II. 1[b]). *De condictione hujus quod datur ob turpem causam.*

Cap. 85 (f° 35 v°) (P. II. 2). *De donatione propter factum.*

Cap. 86 (f° 36 r°) (P. II. 15). *De emptione rei aliene.*

Cap. 87 (f° 36 v°) (P. IV. 29). *De donatione propter finem.*

Cap. 88 (f° 37 r°) (P. IV. 28). *De facto fine.*

Cap. 89 (f° 37 v°) (P. I. 45). *De sponsalibus pupillorum.*

Cap. 90 (*ibid.*) (P. I. 46). *De rebus minorum.*

Cap. 91 (*ibid.*) (P. I. 47). Rubrique manque.

Cap. 92 (f° 38 v°) (P. I. 48). *De debiti solutione.*

Cap. 93 (f° 39 r°) (P. III. 17). *De eo qui mandat fieri furtum vel aliquod malefitium.*

Cap. 94 (*ibid.*) (P. III. 53). *De mandatione furti.*

Cap. 95 (*ibid.*) (P. III. 54). *De preceptione interfectionis.*

Cap. 96 (f° 39 v°) (P. IV. 48). *De alienis negotiis.*

Cap. 97 (f° 40 r°) (P. I. 20). *De adquisitione filiorum vel filiarum.*

Cap. 98 (f° 40 v°) (P. I. 67). *Quid sit peculium.*

Cap. 99 (*ibid.*) (P. I. 31). *Quod mulieres liberos in potestate non habent.*

(1) Ce chapitre est formé de la première phrase de Petrus II. 1.

Cap. 100 (f° 41 r°) (P. I. 21). *De adquisitione servi.*

Cap. 101 (*ibid.*) (P. I. 25). *De adquisitione monachorum.*

Cap. 102 (f° 41 v°) (P. I. 24). *De monachi successione.*

Cap. 103 (*ibid.*) (P. I. 56). *De monachi transitu ad aliud monasterium.*

Cap. 104 (*ibid.*) (P. I. 26). *De episcopi adquisitione.*

Cap. 105 (f° 42 r°) (P. I. 57). *De licentia vite solitarie.*

Cap. 106 (f° 42 v°) (P. I. 49). *De consensu parentum in nuptiis.*

Cap. 107 (*ibid.*) (P. I. 50). *De contrahendis sponsaliis.*

Cap. 108 (f° 43 r°) (P. I. 51). Rubrique manque.

Cap. 109 (*ibid.*) (P. II. 43). *Id.*

Cap. 110 (f° 43 v°) (P. II. 44). *Id.*

Cap. 111 (*ibid.*) (P. II. 7). *Id.*

Cap. 112 (*ibid.*) (P. II. 37). *Id.*

Cap. 113 (*ibid.*) (P. II. 29). *Id.*

Cap. 114 (f° 44 v°) (P. II. 31). *Id.*

Cap. 115 (f° 45 v°) (P. II. 9). *De promissione.*

Cap. 116 (f° 46 r°) (P. II. 32). *De data pecunia pro usuris.*

Cap. 117 (*ibid.*) (P. II. 34). *De rebus mutuandis.*

Cap. 118 (f° 47 r°) (P. I. 58). *De clericis deponendis.*

Cap. 119 (f° 47 v°) (P. I. 59). *De laicis ad clericorum ordinem transeuntibus.*

Cap. 120 (f° 47 v°) (P. I. 60). *De rebus ecclesie.*

Cap. 121 (*ibid.*) (P. II. 36). *De debiti solutione cum non debetur.*

Cap. 122 (f° 48 r°) (P. I. 29). *De prohibitis nuptiis.*
Cap. 123 (f° 49 r°) (P. IV. 44). *De jusjurando.*
Cap. 124 (f° 49 v°) (P. II. 10). *De promissione.*
Cap. 125 (*ibid.*) (P. IV. 9). *De justicia et jure.*
Cap. 126 (f° 50 r°) (P. IV. 8). *De judice inscienter vel scienter injuste judicante.*
Cap. 127 (f° 50 v° (P. I. 30). *De nuptiis sine dote.*
Cap. 128 (*ibid.*) (P. IV. 47). *De lite clericorum.*
Cap. 129 (*ibid.*) (P. IV. 1). *De qualitate judicum.*
Cap. 130 (f° 52 r°) (P. IV. 2). *Quando judex judicare debeat.*
Cap. 131 (f° 52 v°) (P. III. 69). Rubrique manque.
Cap. 132 (f° 53 r°) (P. II. 11). *Si plures pecuniam promittant.*
Cap. 133 (f° 53 v°) (P. I. 10). *De patris donatione.*
Cap. 134 (f° 54 r°) (P. I. 32). *De licentia mulierum.*
Cap. 135 (*ibid.*) (P. I. 11). *De ultimis voluntatibus.*
Cap. 136 (f° 54 v°) (P. I. 66). *De juris solempnitate.*

2° Chapitres sans rubrique (1).

Cap. 137 (f° 55 r°). Vim vi repellere omnes leges omnia que jura concedunt (2).

Cap. 138 (*ibid.*). De ea re de qua nec testes nec scrip-

(1) Ces chapitres sont écrits de la même main que les précédents et sans solution de continuité.

(2) Cf. L. 54, § 4, *Ad legem Aquiliam* (9. 2). — *Expositio terminorum*, cap. 99.

ture habentur possessor nullam calumpniam sustineat, sed possideat ille qui possidet (1).

Cap. 139 (*ibid.*). Quicquid ob tutelam corporis sui vel sue rei aliquis fecerit, id jure fecisse videtur (2).

Cap. 140 (*ibid.*). Septimo mense nasci perfectum partum receptum est..., etc. (3).

Cap. 141 (*ibid.*). Ecclesia rem meam per XXX annos possessam..., etc. (4).

Cap. 142 (f° 55 v°). Actionum in personam alie nascuntur ex contractu, ut ex empto, vendito, locato, conducto, mandati, depositi et cetera, alie ex quasi contractu ut negociorum gestorum, tutele. Alie nascuntur ex maleficio, ut furti, rapine et cetera. Alie ex quasi maleficio (5), ut quando judex litem suam facit, vel sicut effusum est ex cenaculo.

Cap. 143 (*ibid.*). Omnes actiones ex contractibus (6) proficiscentes XXX annorum spacio concluduntur nisi post litem contestatam, tunc ad XL.

Cap. 144 (*ibid.*). Actiones etiam quæ ex maleficio procedunt omnes extenduntur ad XXX annos ex (7) qui-

(1) *Expositio terminorum*, cap. 100. — MS. Cambridge, f° 227 v°.

(2) Cf. L. 3, *De justitia et jure* (I. 1). — *Expositio terminorum*, cap. 101. — MS. Cambridge, f° 227 v°.

(3) L. 12, *De statu hominum* (I. 5). — Décret d'Yves de Chartres, XVI. 193. — MS. Bibl. nat., lat. 4709, *Regulæ collectæ* à la suite de Petrus.

(4) *Expositio terminorum*, cap. 102. — MS. Cambridge, f° 227 v°.

(5) Dans le MS. Cambridge manque depuis « *ut furti* » jusqu'à *maleficio* (inclusiv.).

(6) Le MS. Cambridge ajoute : « Et quasi ex contractibus. »

(7) « Exceptis » (MS. Cambridge).

busdam scilicet injuriarum, vi bonorum raptorum, interdictum metus causa, quæ annales (1) sunt, et de dolo biennali (2).

Cap. 145 (f° 55 v°-56 r°). Omnis in rem actio producitur xxx^a annorum spacio nisi post litem contestatam. Tunc enim ad xl extenditur annos computatos a tempore ultimi litigii. Excepta ypothecaria actione adversus debitorem vel heredem ejus quæ sine ulla contestacione extenditur ad annos xl et in rem actione quæ competit religiosis domibus, quia ipso jure nulla interposita contestacione extenditur ad xl annos. Nota : in rem actio non procedit ex aliqua obligacione, sed actiones in personam omnes ex obligacione procedunt (3).

Cap. 146 (f° 56 r°). Furtum est fraudulosa rei aliene contrectatio affectu lucrandi sibi vel alteri contra domini voluntatem (4).

Cap. 147 (*ibid.*). Rapina est quando aliquis usurpat per vim rem mobilem quæ sua non est (5).

Cap. 148 (*ibid.*). Invasio est aliene possessionis rerum immobilium violenta occupacio. Sic rapina in mobilibus, invasio in inmobilibus (6).

(1) « Annuales » (MS. Cambridge).
(2) « Biennales » (MS. Cambridge).
(3) MS. Cambridge, f° 227 v°.
(4) Fragm. de comment. des Institutes (1er Appendice de Petrus, cap. 5. Fitting, *Jurist. Schriften*, p. 153). MS. Cambridge, f° 227.
(5) Même comment., cap. 8. MS. Cambridge, *ibid.*
(6) Même comment., cap. 9. MS. Cambridge, *ibid.* — La dernière phrase, *sic rapina*, etc., est écrite en majuscules au bas du f°, comme pour lui servir d'explicit.

SUPPLÉMENT (1).

1. In testibus esse non debet qui in potestate actoris vel rei est (2).

2. Non videntur idonei testes quibus potest imperari ut testes fiant (3).

3. Ut testes ad testimonium dicendum præmio non ducantur (4).

4. Cum plures testes de quolibet negotio diversa referunt testimonia, majori et digniori parti credendum est (5).

5. Ad fidem rei geste faciendam etiam non rogatus testis suscipitur (6).

6. Servi responso tunc credendum est cum alia probatio ad credendam (eruendam) veritatem non est (7).

7. Non debet esse testis cujus infamia per vulgus publicata est.

8. Quisquis sciens indebitum solvit non repetit (8).

(1) Ce supplément est d'une main différente, d'une écriture plus serrée. Il recouvre le v° du f° 36.

(2) MS. Cambridge, f° 220.

(3) L. 6, *De testibus* (22. 5). — *Usatici Barcin.*, 89. — MS. Cambridge, f° 220.

(4) MS. Cambridge, f° 220 : « Ut testes ad testimonium dicendum non conducantur. »

(5) MS. Cambridge, *ibid.* : « Majori parti credendum est. »

(6) L. 11, *De testibus* (22. 5). — MS. Cambridge.

(7) L. 7, *ibid.* — MS. Cambridge.

(8) Cf. L. 5 et 50, *De cond. indeb.* (12. 6).

9. Procurator est qui negotia aliena mandato domini administrat (1).

10. Quicumque enim promiserit rem tuam agere aut defendere is procurator intelligitur

11. Pater pro filio nec filius pro patre condempnari debet nisi heres sit.

12. Nullum pactum, nullam conventionem inter eos volumus videri subsecutam qui contrahunt lege contrahere prohibente. Si quid fuerit consecutum ex eo vel ob id quod contradicente lege factum est illud quoque cassum et inutile esse precipitur (2).

13. Pacta quæ contra leges fuerint, nullam vim habere ea indubitantis juris est (3).

14. Quicquid fit vel dicitur calore animi non prius ratum habeatur donec perseverantia apparuerit judicium animi fuisse (4).

15. Quando turpitudo... (Petrus III. 55).

16. Qui in perpetuum fundum... (Petrus III. 56).

(1) L. 1 pr., *De procur.* (3. 3). — *Expositio terminorum*, cap. 67.

(2) Cf. C. 5 pr., *De legibus* (1. 14).

(3) MS. 4709, f° 44 v°.

(4) L. 48, *De diversis regulis juris* (50. 17). L. 3, *De divortiis* (24. 2). Petrus III. 66 (collection B, Barrois, 285, cap. 109.

APPENDICE II.

GLOSES DES MSS. BARROIS 336 ET 285.

MS. Bibl. nat. latin 4719¹ et 4719²

Il est en général très difficile de fixer l'âge relatif des diverses écritures d'un même MS., difficile aussi de distinguer celles qui procèdent d'une même main ou d'une main semblable. Pour le MS. Barrois 336, cette difficulté est entière, elle est au contraire réduite au minimum pour le MS. Barrois 285, les gloses y étant toutes d'une écriture identique, et cette écriture elle-même étant manifestement contemporaine du texte, très vraisemblablement de la même main.

Voici, sous bénéfice de ce que je viens de dire, comment les gloses du MS. Barrois 336 me paraissent se classer, quant à l'écriture (1).

1° Le plus grand nombre d'entre elles sont des allé-

(1) Sauf peut-être le n° 6, elles sont toutes espacées sur le XIIe siècle. — Je laisse de côté les gloses d'une écriture beaucoup plus récente (XIIIe et XIVe siècle) qui se rencontrent au bas du deuxième feuillet (r°) du MS. Barrois 336 et du dernier feuillet (v°) du MS. Barrois 285 (*suprà*, p. 201).

gations de textes encadrées d'un cordelet rouge. Elles sont de la même époque et peut-être de la même main que le texte. — On peut y rattacher la glose 9.

2° Les gloses suivantes sont d'une écriture ou contemporaine ou un peu postérieure : gloses 40. 41. 47. 49. 51. 52. 73, partie de 77. 115. 117. 129. 130. 151. 163. 190. 193.

3° Écriture un peu plus récente : gloses 4. 5. 16. 17. 18. 22. 29. 57. 62. 64-67. 77. 82. 90. 91. 119. 126. 137. 143. 148. 149 (*in fine*), 150. 153. 154. 181. 190. 192.

4° Écriture un peu postérieure encore : gloses 14. 42. dernière phrase de glose 44. 45. 194.

5° Écriture différente de la précédente et peut-être un peu plus récente : gloses 22. 24.

6° Main postérieure, fin du XIIe siècle ou commencement du XIIIe : gloses n° 7. 39. 168 à 180. 182 à 188.

Toutes les gloses qui vont suivre sont des gloses marginales. Je n'ai trouvé qu'une seule glose interlinéaire. Elle est dans le MS. Barrois 336, f° 6 v° : au-dessus des mots : *Ante tempus... impensas ei in triplum restituat*, etc. Voici sa teneur :

« Scilicet petendo plus re id est quantitate vel loco vel causa. Nam si solo tempore plus petierit nichil amplius quam duplicatio temporis et impense in simplum restituuntur (1). »

(1) Cf. glose 152, MS. de Prague (Ed. Fitting).

I. MS. BARROIS 336.

1. (f° 1 v°). En face de « *Si quis dereliquerit filium :* »

In Novella. C. De hereditatibus quæ ab intestato nobis differuntur (*sic*) (1).

2. « *Et hec appellatur.* »

Cod. C. (2).

3. « *Sin autem decesserit aliquis solum.* »

In Novella C. De ascendentibus autem personis (3).

4. (f° 2 r°). En marge, au haut (Petrus I. 6) :

Cod., lib. VI, Extraneum etiam penitus ignotum heredem quis instituere potest (4).

5. — Eodem libro t. Qui admitti ad hereditatem possunt et infra quod tempus. Quicumque res ex parentum vel proximorum successione jure sibi competere confidit, sciat sibi non obesse si per rusticitatem vel ignorantiam facti vel absentie (*sic*) vel quacumque alia ratione infra prefinitum tempus, videlicet annuum, bonorum possessionem minime petisse noscat. Quoniam hæc sanctio hujusmodi consuetudinis necessitatem mutavit (5).

(1) Glose recopiée en marge par le faussaire. — Julien, Const. 109, (chap. 393).

(2) *Idem.*

(3) *Idem.* — Julien, Const. 109, 2 (chap. 394).

(4) C. 11, *De heredibus instit.* (6, 24).

(5) C. 8, *Qui adm. ad bonor. possess.* (6, 9).

6. (f° 2 r°). En face de « *Sed si moriatur aliquis relictis duobus* »

Eodem C.

7. ... « *Relictis ascendentibus et fratre.* »

Eodem C. De fratribus vel sororibus de filiis fratris vel sororis necesse (?) cum ascendentes ibi sunt. Si hoc invenitur in C. quod sic incipit.

8. En face de « *Capient quam capiet pater* »

Eodem C. In Novell. C. Reliquum est ut despiciamus de tercio ordine (1).

9. (f° 3 r°). Au haut de la page (Petrus I. 6) :

In Instit., lib. I. Si libertus intestatus et absque herede decedat, bona ejus patroni id est manumissoris erunt. Idem patri datur ut bona filii emancipati habeat si hic intestatus et absque herede obeat.

10. (f° 3 r°). En face de « *Sed illarum rerum que pervenerunt :* »

LXXIIII (2). In Novell. Si filius descendens in testamento suo (3).

11. « *Hec vera sunt.* »

Eodem.

(1) Julien, Const. 109, 3 (cap. 395).

(2) Les chiffres romains placés ainsi en tête ou à côté de certaines gloses ont été ajoutés par une main un peu postérieure.

(3) Julien, Const. 36, 31 (cap. 161).

12. (f° 3 v°). « *Que de matre diximus.* »

Ab equitate simili.

13. « *Maritus dotem.* »

In tercio libro C. tit. De rei vendicatione C. doce ancillam de qua supplicas[1].

14. En face de chap. 3 (Petr. I. 34) :

Si pecunia numerata viro tradita sit in dotem, erit quidem mariti, sed tantumdem restituere cogitur ipse vel heredes ejus.

15. « *Idem et de mobili.* »

In v° libro C. tit. De jure dotium, Cap. Quotiens estimare in dotem. i. res dantur[2].

16. (f° 3 v°).

Cod., lib. iii, t. De rei vendicatione C. interest usumfructum solum. Qui proprietatem, etc.[3]

17. Eodem C. Eum ad quem usufructus...[4]

18. (f° 4 r°). Au haut de la page :

Cod., lib. vi, t. De collationibus. Pactum dotali...[5]

(1) C. 9, *De rei vind.* (3, 32).

(2) C. 5, *De jure dot.* (5, 11).

(3) C. 6, *De usufructu* (3, 33).

(4) C. 7, *ibid.* — Il me semble superflu de pousser plus loin l'identification des simples allégations de textes.

(5) C. 3 (*De collat.* (6, 20).

19. (f° 4 r°). En marge :

Libro v, t. De jure dotium, C. Pro honeribus matrimonii.

20. En face de « *Si quidem nullos habuerit liberos :* »

LXIIII, in lib. Novell. II. C. Si mulier post priores nupcias.

21. « *Liberi autem ex eo matrimonio.* »

CLXXXXVIIII. In lib. II, Novell. Si mulier marito suo defraudata.

22. (f° 4 v°). « *Propter nupcias vero donatio.* »

Cod., lib. v°, t. De donationibus ante nuptias et C. Cap. Si liberis ex priore matrimonio procreatis.

23. « *Quod diximus de dote.* »

LXIIII, Lib. I, Cap. supradicto. Si mulier post priores nupcias.

24. (f° 5 r°). « *De dotis alienatione.* »

LXIIII, Lib. II, In Novell. C. adeo autem rerum supradictarum.

25. (f° 5 r°). « *Vel subposicio pro numero personarum.* »

Et si ad secundas non transeat nupcias valebit alienacio.

26. (f° 5 r°). « *De donatione inter virum et uxorem.* »

LXIIII, lib. I, in Novell. C. Si mulier post priores nupcias.

27. « *De aliis autem rebus.* »

Id. Cap. LXVIIII.

28. (f° 5 v°). « *Tunc enim si transierit.* »

In novellis, Cap. LXX, Sin autem ususfructus dotis causa.

29. « *De solutione matrimonii.* »

In Novell., Cap. LIII.

30. « *Veluti si uxor violaverit torum.* »

CLXXXVI, In VIIII° libro C. t. Ad legem Juliam adulteriis.

In Novell., Cap. Sunt cause quedam ex quibus matrimonia solvuntur.

31. (f° 6 r°). « *Sin autem uterque adulterium.* »

CLXXXV, in novell. C. Anteriores quidem constituciones.

32. (f° 6 r°). « *Cum solvitur ideo quia misceri nequeunt.* »

CCVI. In novellis.

33. (f° 6 v°). « *De debitore et fidejussore.* »

LXXXVII. In Instit., tit. De actionibus.

34. — LXXXXIIII. In Instit. tit. De exceptionibus.

35. « *Nisi fisco vel ecclesie.* »

In VIIII° libr. c. t. De condictione ex lege. Ibi tamen de solo fisco dicit. Scias perfecto quæcumque privilegia dantur fisco dantur venerabilibus locis.

36. « *De migratione ad secundas nuptias.* »

LXIII. In Novellis C. Si mulier post mortem mariti.

37. (f° 7 r°).

LXXV. In Novellis. Si mulier defuncto marito antequam annus legitimus transeat.

38. (f° 7 r°). « *De venditione proprie rei.* »

In IIII° libro C. t. De hereditate vel actione vendita. Cap. Qui tibi hereditatem vendidit.

39. (f° 7 v°). « *Lucrum tamen non computabitur.* »

In VII l° C. t. De sentenciis quæ pro eo quem interesset proferuntur.

40. (f° 7° v°). « *Similiter et in locacione.* »

Emptio et venditio sunt nomina ejusdem contractus, locatio et conductio alterius, designando offitium cujusque contrahentium.

41. (f° 8 r°, au haut) (P. II. 21). « *De re alterius suscepta in custodia.* »

Qui pro usu aut vestimentorum aut argenti aut jumenti mercedem aut dedit aut promisit, ab eo custodia talis desideratur qualem diligentissimus paterfamilias suis rebus adhibet. Quam si prestitit et aliquo casu rem amiserit de restituenda ea non tenebitur.

42. « *De re locata* (P. II. 23). »

Locatio alia rerum alia operarum. Locatio rerum alia mobilium alia immobilium. Locatio rerum immobilium alia censualis alia partialis.

43. (f° 8 r°). « *De re alterius suscepta.* »

LXVII, in Instit., t. Quibus modis re contrahitur obligatio et in IV° libro C. t. De depositu (*sic*).

44. (f° 8 r°) (P. II. 23).

Locatio alia temporalis alia perpetua. Temporalis alia ad certum tempus alia ad incertum. Ad certum tempus alia ad biennium sive ad quinquennium alia ad mortem.

45. — In locatione vel conductione tria sunt consideranda, pactum mores et natura.

46. « *De re locata.* »

In IV libro, c. t. Locati et conducti.

47. « *De (re) commodata* » (P. III. 24).

In commodato tota est utilitas commodatarii. In deposito tota utilitas deponentis et ideo major custodie diligentia commodato quam deposito adhibenda est.

48. « *De* (*re*) *commodata.* »

In IIII° libro C. t. Comodati et in fusti (*sic*) (In Instit.?).

49. — Transit commodatum in naturam depositi aut si quis causa sue ipsius honestatis vel utilitatis alicui commodat, et depositum in naturam commodati ut quando quis se ad servandum aliquid ultro offert causa sue honestatis vel utilitatis. In quibus preceptio custodiende rei talis poni potest ut depositum tanquam commodatum servandum sit et commodatum vice depositi servare sufficiat.

50. (f° 8 v°). « *Id est quocumque modo.* »

In Instit., t. De contrahenda empcione et vendicione.

51. (f° 8 v°). « *De re vendita* » (P. II. 14).

Quicquid enim sine dolo et culpa venditoris accidit, in eo venditor securus est ne restituat.

52. *Ibid.*

Ut possit asserere re inventa : res hæc mea est. Aliter enim hic apud quos inveniretur fortasse non illi inde responderet objiciendo quod non sua esset sed venditoris. Qui enim rem nondum emptori tradidit ipse dominus est adhuc.

53. (f° 9 r°). « *De eo qui justiciam facere.* »

In I° libro C., cap. Qui et justitiam quam videns.

54. « *De furto mobilis rei* » (P. III. 1).

Postea actor res quas ex bonis ejus possidet ei restituat.

55. In IV° libro Inst., capitulo LXXXIII.

56. « *Si quis rei aliene.* »

Quia de inmobili non sit furtum sed invasio.

57. (f° 9 v°).

In IV° l° in Instit., titulo. De obligacionibus ex maleficio.

58. « *De rapina mobilis rei* » (P. III. 2).

LXXXIIII. In Instit., t. Vi bonorum raptor.

59. (f° 10 v°). « *Quod vero adversarii erit.* »

Secundo libro C. tit. De procuratoribus. Caput. Eum qui res agit heredum, et iterum VII tit. De prescripcione XXX vel XL annorum. Cap. Si quis empcionis vel donacionis.

60. « *De eo qui ante judicem.* »

In Novell. cap. LXXXX.

61. (f° 11 r°). « *De occisione servi vel animalium.* »

In Inst. cap. LXXXV (1). Lib. III in Instit. De lege Aquilia et in Dig. eodem titulo libro VIIII.

(1) Les mots : « In Inst. cap. LXXXV » et les allegations analogues qui se rencontrent dans les gloses suivantes (par exemple, gloses 64, 67, 77, etc.) ont été ajoutés par une autre main.

62. (v°). « *De eo qui alium verberaverit.* »

In Inst. t. De injuriis et in VIIII° libro C. Eodem tit.

63. — In Instit. cap. LXXXVI.

64. (f° 12 r°). « *De invasione immobili rerum.* »

In Inst. c. LXXXIIII. In Inst. t. III Bonorum raptorum et in VIII lib. C. t. Interdicti unde vi (?).

65. (v°). « *De interfectione vel vuln.* »

In Dig. Ad legem Aquiliam.

66. « *Quia ratihabicio.* »

In Dig. t. Interdicti unde vi.

67. (f° 13 v°). « *De re alterius inventa.* »

In Inst. cap. CXXVIIII in fine. In Inst. t. primo libro II° In fine tituli.

68. « *De furto vel rapina.* »

In Dig. lib. un. tit. ultimo.

69. (f° 14 v°). « *De silvestr. animal.* »

In Inst., c. XXVIII.

70. « *Sed si ille qui feram commoverit.* »

In Inst., lib. II.

71. (v°). « *Et hoc per utilem.* »

In Dig., t. De negociis gestis.

72. « *De incitatione.* »

In Dig., Ad legem Aquiliam.

73. (f° 15 r°, au haut) (P. III. 49).

Hoc locum habet in domesticis animalibus quæ contra naturam moventur. Sed si genitalis sit feritas, cessat, ut in cane, verre, urso, leone et similibus. Quocumque enim modo pauperiem fecerint semper dominus tenetur de dampno restituendo, nisi ab eo fugerint et in libertatem se receperint (1).

74. (f° 15 r°). « *Vel te jubente.* »

In Dig., Ad legem Aquiliam.

75. « *De occisione.* »

In Dig., t. Si animal pauperiem fecisse dicitur, lib. VIIII.

76. (v°). « *Si se defendendo inferat quis.* »

In Dig., et in Cod., lib. VII.

77. « *De captione apium.* »

In Dig., t. in lib. c. t. un. c. III.
In Inst., lib. II.
In Inst., c. XXVIIII.

78. « *Excepto si dominus vel alius jam signaverit.* »

Ab equitate (2).

79. (f° 16 r°, au haut) :

In Inst., lib. II. Si quis ingrediatur in alienum

(1) Cf. Inst. pr., IV. 9.

(2) De même MS. de Prague, Glose 248 (Ed. Fitting).

fundum causa colligendi apes potest eum dominus fundi jure prohibere ut non ingrediatur si prævi-derit eum ingredientem (1).

80. *Ibid.*

In eod. Examen quod ex alveo tuo evolaverit tamdiu tuum esse intelligitur donec in conspectu tuo est nec difficilis ejus persecutio est, alioquin occupantis fit (2).

81. (f° 16 r°). « *De re donata sed nondum.* »

In C., lib. II, t. De revendicatione, C. Quociens duobus in solidum. Quinto libro C. t. De incestis et inutilibo (*sic*) nupciis et in novellis C. Si quis nefarium et incestum.

82. « *De ductione cognate.* »

In Novellis C. XLI.

83. (f° 17 v°). « *De donatione causa metus.* »

Cod., lib. II, t. De his qui vi metusque causa gesta sunt et in Dig. eodem titulo.

84. (f° 18 r°) « *De questione servitutis.* »

Cod., lib. II, tit. De his que (comme *suprà*).

85. « *De criminale questione.* »

Cod., lib., t. VIII, De penis.

(1) Cf. Inst. § 14, *De rerum divisione*, II, 1.
(2) Instit. *ibid.*

86. (v°). « *De donatione patris.* »

Cod., lib. v, t. De donacionibus inter virum et uxorem.

87. « *Si vero aliis donatum fuerit.* »

Cod., lib. III, t. Familie herciscunde, in Inst., lib. II.

88. « *Si donatarius volens et ironice.* »

Codicibus, lib. VII, t. De revocandis donacionibus.

89. (f° 19 v°). « *Donacio inter virum et uxorem non valet.* »

Cod., lib. v, t. De donacionibus inter virum et uxorem.

90. « *De concubine ductione.* »

In Inst. C., t. De nupciis prohibitis et concessis et in novellis. In Novell., cap. CLX, Si quis cum muliere libera consuetudinem.

91. (f° 19 v°). « *Et pro equali dividunt.* »

Eod. cap. in Novell.

92. « *De donatione patris.* »

In Novell. Si quis liberos habuerit naturales.

93. (f° 20 r°). « *De donatione matris.* »

VI, lib. C., t. Ad senatusconsultum Orficianum.

94. (f° 20 v°). « *Tamen legitimi alimonias.* »

Oct. lib. C., t. De contrahenda et committenda stipin (stipulatione), Cap. magnam sign. (legum) veterum. C. 12 (8. 38).

95. (f° 21 v°). « *De clericis.* »

In Novell., cxii, Si quis monachus constitutus.

96. « *De uxore defuncti.* »

In Dig.

97. (f° 22 v°). « *De rebus mobilibus ecclesiarum.* »

Cod., lib. i, et in Novell.

98. « *De venditione liberorum.* »

Cod., lib. iiii, t. De patribus qui filios distraxerunt.

99. « (f° 22 v°). *De defendendo jus jurando.* »

In Dig., lib. xxvi, t. De jurejurando cap. jusjurandum et ad peccunias.

100. (f° 24 v). « *De unius testimonio.* »

Cod., lib. iiii, t. De testibus.

101. (v°). « *Qui debent recipi.* »

In Instit., C. xxxviii. De testamentis.

102. « *Mulier si honestas.* »

Eod. tit. C. ex eo quod prohibetur lex Julia.

103. « *Nullius testimonium.* »

II. Cod., lib. IIII, tit. De testibus.

104. « *Viri honeste.* »

In Novell. C. CLXI. Nullius recipiatur testimonium.

105. (f° 25 r°). « *In re propria testis.* »

In Dig., t. De receptis.

106. « *De re filii.* »

In Dig., tit. De probacionibus.

107. (f° 25 v°). « *Quod sacramentum probatio.* »

IIII lib. C. I, titulo.

108. « *De servo ad testimonium.* »

Cod., lib. III, tit. Familie erciscunde aliisque compluribus titulis.

109. (f° 26 r°). « *De contentione inter seniorem.* »

Eodem.

110. (v°). « *De inclusione animalium.* »

Cod., lib. III, ad Leg. Aquiliam.

111. « *Canones Sanctorum.* »

In Novell, Cap. CCXVI.

112. (f° 27 r°). « *De causis exhered.* »

In Novell, Cap. CLXXVIIII, Neq. pater aut mater.

113. (v°). « *Inter quas personas.* »

In Inst., tit. xi. De nupciis.

114. « *De emptione et venditione.* »

vi, lib. c. t. De furtis et servo corrupto.

115. (f° 24 v°, au haut) (P. ii. 16).

Cod., lib. 3, Cap. De revendicatione (1). Etiam per alienum servum bona fide possessum ex re ejus qui eum possidet vel ex operibus servi adquiri dominium vel obligationem placuit. Quare si bona fide possedisti eundem servum et ex nummis tuis mancipia eo tempore comparavit, potes secundum juris formam uti defensionibus tuis. M. (Martinus?).

116. (f° 28 r°). « *De edificatione.* »

xxviiii. Primo t. Secundi libri in institutis (*sic*).

117. (f° 28 r°) (P. iii. 12).

Cod., lib. 3, Cap. De revendicat. Si inferiorem partem edifitii quæ solum contingit ad te pertinere probare potes, eam quam vicinus imposuit accessisse dominio tuo non ambigitur. Sed id quod in solo tuo edificatum est quoad in eadem causa manet jure ad te pertinet (2).

(1) C. 1 pr. *De rei vindic.*, iii. 32.
(2) C. 2 (deux premières phrases), *De rei vind.*, iii. 32.

118. (f° 28 v°). « *Quecumque diximus de eo qui bona fide.* »

In Novell., C. Hujus constitucionis subtilitas.

119. (f° 29 r°). « *De consuetudine regionis.* »

In Nov., C. CXXIIII.

120. « *De heredibus.* »

VI, lib., C. t. Ad legem Falsidiam, cap. Quamquam pater tuus.

121. (v°). « *De dotis donatione.* »

In Novell.

122. « *De debitore fidejuss.* »

In Novell., VIII. Cap. Si quis crediderit alicui.

123. « *Dein si debitor non solverit.* »

VIII, lib. C. t. De jure domini impetrando, cap. Vetustissimam observacionem.

124. (f° 31 r°). « *De auferenda heredit.* »

In Novell. Cap. CLXXXI. Si igitur omnes supradictas causas.

125. (f° 31 v°). « *De vendenda hereditate.* »

In Cod°. lib°. IIII.

126. (f° 32 v°). « *De re alterius.* »

In Dig. Qui tacet consentire videtur.

In Codice lib. III, t. De revendicatione. Cap. Mater tua vel maritus.

127. « *De rei mobilis possessione.* »

In Inst., lib. II, C. De acquisicione civilli (*sic*).

128. (f° 32 v°). « *De re in mobili.* »

In Novell., C. CCLXXXXI. Si quis mala fide res alienas possidens et in instit. lib. II°.

129. (f° 32 r°). Au bas (P. III. 10) :

In Instit., lib. II. Si quis a non domino quem dominum esse credit bona fide fundum emerit, vel ex donatione aliave qualibet justa causa, ut ex dote vel venditione, bona fide acceperit, naturali ratione fructus quos percepit ejus esse pro cultura et cura. Et ideo si postea dominus supervenerit et fundum vendicet, de fructibus ab eo consumptis non potes agere. Ille vero qui sciens alienum fundum possederit, cum fundo etiam fructus, licet consumpti sunt, cogitur restituere. Qui vero fructus sine cura et cultura nati sunt, ut poma et nuces et similia, licet bona fide et cum titulo possederit terram, restituat tamen ei si exsti(tit) qui verus dominus esse probatus est. Ex quo etiam colligi potest ut qui sine titulo bona tamen fide possidet idem tamen et plus aliquid faciat (1).

130. (f° 33 r°). Au haut de la page « *De re inmobili :* »

Cod., lib. III. De revendicatione C. Certum est

(1) Cf. Inst. §§ 35-36, *De rerum divisione* (2, 1).

mala fide possessores omnes fructus solere cum ipsa re præstare, bona fide vero extantes, post litis autem contestationem universos (1).

131. (f° 33 v°). « *De rei alienatione.* »

Cod., lib. IIII, t. De rebus alienis non alienandis et aliis pluribus.

132. « *De furto a pluribus facto.* »

Cod., lib. III, tit. De condictione furtiva.

133. (f° 34 r°). « *De domo incessa.* »

In Dig., t. Ad legem Aquiliam.

134. (v°). « *De perditione fur. rei.* »

Lib. IIII, C. t. De condicione furtiva.

135. *De qualitate donationis.*

Cod., lib. C. tit. De condicione ob causam dati causa non secuta et in Dig., eodem tit.

136. « *De condictione.* »

In Dig., t. De condicione ob turpem causam.

137. (f° 35 v°). Au haut (P. II. 1) :

Cod., lib. IIII. Si quis in adulterio vel in furto deprehensus... (*blanc*) [rem aliquam?] ob se redimendum dedit, licet origo rei turpis sit condictio tamen cessat, quamvis prætor restitutionem indulgeret. Adversus eum qui accepit competit (2).

(1) C. 22, *De rei vind.* (3, 32).
(2) Cf. L. 4, pr. *De condict. ob turpem causam* (XII, 5).

138. (f° 35 v°). « *De donatione propter factum.* »

In Dig., t. De condicione causa non secuta. In C., eod. t.

139. (f° 37 v°). « *De emptione rei.* »

Cod., lib. VI, t. De furtis (*sic*) et servo corrupto C. in civilem rem desiderantis.

140. (v°). « *De don. propter finem.* »

Cod., lib. II, t. De transactionibus C. Si pro fundo quem petebas.

141. (f° 37 r°). « *De facto fine.* »

Cod., lib. II, t. De transactionibus C. Sive apud recta (*sic*) [acta] rectoris.

142. (v°). « *De sponsaliis pupillorum.* »

In Dig., lib. XXIII, C. De sponsalibus et in sequenti de nupciis.

143. « *De rebus minorum.* »

In Cod., lib. II.

144. (f° 38 v°). « *Aliter enim si fecerint.* »

Cod., lib. II, t. De temporibus in integrum restitutionibus (*sic*) [restitutionis]. Cap. Super vacuam differentiam.

145. « *De debiti solutione.* »

Cod., lib. II, t. De aministratione tutorum et curatorum. C. Sactimus (*sic*) [pro : Sancimus] creacione tutorum.

146. (f° 39 r°). « *De eo qui mandat fieri.* »

Cod., lib. VIII, t. De accusacionibus. Cap. Non ideo mutinus [minus].

147. « *De preceptione interfectionis.* »

In Dig., Ad legem Aquiliam.

148. (v°). « *De alienis negotiis.* »

Cod., lib. II, t. De negociis gestis.

149. (f° 40 v°). « *De acquisitione filiorum.* »

XXXVII. In Novell., C. LXX. Quodcumque filius aut filia et in Instit., lib. II, tit. Per quas personas nobis adquirit (*sic*) et in Cod., lib. VI, t. De bonis quas liberis in potestate constitutis. Cap. C. Oportet similem providentiam.

150. (f° 40 r°) (P. I. 20). En face de « *Id est illud quod lucratur :* »

In his etiam iis quæ filius in potestate patris constitutus adquirit ex maternis rebus vel ex nuptialibus causis usumfructum tamen habet pater, filius autem proprietatem (1).

151. (f° 40 v°). Au haut (P. I. 20) :

Naturalia jura civilis ratio perimere non potest (2).

(1) Julien, cap. 152, const. 36.22.

(2) Cf. L. 8 *De capite minutis* (IV. 5).

152. (f° 40 v°). « *Quid sit peculium.* »

In Instit., lib. I, tit. De adepcionibus.

153. (f° 41 r°). Au haut (P. I. 21) :

In Novell., cap. 56. Si quis servum tuum egrotantem vel ancillam morbosam contempserit et nullam curam eis fecerit, necesse est eos liberos esse. Servus enim per titulum pro derelicto a domino suo contemptus in libertate eripiatur, eodem jure in ancilla optinente (1).

154. (f° 41 r°). « *De adquisitione monachi.* »

In Novell., cap. XII. *Id.*, cap. CCXVI.

155. (v°). « *De monachi successione.* »

In Novell. C. CCXVI. Non liceat parentibus liberos suos.

156. « *De episcopi adquisitione.* »

In Novell. C. CCXVIII. Quodcumque probatus fuerit episcopus ante consecracionem habuisse.

157. (f° 42 r°). « *De licentia vite solitarie.* »

In Inst., lib. I, t. XI (2), De nupciis et in V lib. Codicis eod. t.

158. (v°). « *De consensu parentum.* »

Cod., lib. V, t. De nupciis. C. Sicut proponit pater condam.

(1) Julien, cap. 134, const. 36.4.
(2) Le chiffre XI a été ajouté par une autre main.

159. « *De contrahendis sponsaliis.* »

In Dig.

160. « *Sed si hanc ante ætatem.* »

In Dig., lib. XXIII, tit. III.

161. (f° 43 r°). « *Non convivia.* »

CLXXXI. In Novell., C. Si quis sine dotalibus instrumentis.

162. « *Si quis pro alio.* »

Cod., lib. IV., t. Mandati. C. Si fidejussor pro reo paciscetur.

163. (f° 43 v° au haut) (P. I. 43).

In Novell., C. 171. Si quis plures fidejussores habet de eo quod credidit alicui non a singulis totum petat sed equaliter ab unoquoque si omnes
Id est solvere possint
solvendo sunt, nisi ipsi sic pacti sint (1).

164. (v°). « *Fidei jussor non.* »

In Digest. In Instit., lib. III, t. De obligacionibus.

165. « *Quicquid metu.* »

In Dig., t. De his que vi metus ve causa gesta sunt.

(1) Cf. Julien, Const. 92 (cap. 348) et Inst., § 4, *De fidejussor.* (III. 21).

166. (f° 44 r° au haut) (P. II. 31).

Cod., l. 2, tit. De pactis. Sanccimus nemini nec clerico nec militi licere adversus pacta sua venire et contrahentes decipere cum illa pacta neque sint contra leges neque dolo malo inita. Omnes enim licentiam habent his quæ pro se indulta sunt renunciare (1).

167. (f° 44 r°). « *Si quis debitorem habens.* »

Cod., lib. IIII, t. De depositis C. Supervacuam differenciam. Sed istud solummodo verum est personalibus actionibus et non in re.

168. (v°). « *Si quis creditori suo.* »

In IIII°, l. c., t. De usuris. Cap. Si usuras præstari pignore dato convenerit.

169. « *Si quis forte peccunie certam.* »

In lib. IIII°, Cod. De usuris.

170. (f° 45 v°). « *Si quis alium daturum.* »

In Instit., lib. III, t. (LXXII ajouté). De inutilibus stipulationibus.

171. (f° 46 r°). « *De data pecunia.* »

In Novell., cap. (XLIII). Si quis rustico mutuaverit.

(1) Cf. C. 29 *De pactis* (II. 3).

172. « *Si vero alii non rustico.* »

In IIII lib., C. t. De usuris Cap. Eos qui principali actione.

173. (v°). « *De rebus mutuandis.* »

In IIII lib., C. t. De usuris. Cap.

174. (f° 47 v°). « *De clericis deponendis.* »

In Novell. Cap. (XIIII). Qui duas nuptias contraxerit.

175. (f° 47 v°). « *De laicis ad clericorum ordinem.* »
Eod. cap.

176. « *De rebus ecclesiæ.* »

In Novell. Cap. CLXXXXII. Si quis conductor.
In Cod., lib. IIII, Cap. ultimo.

177. « *De debiti solutione.* »

In Instit., cap. LXXVIIII.

178. (f° 48 r°). « *De prohibitis nuptiis.* »

In Inst., lib. I (cap. XI), et in V lib. C. t. De incestis et inutilibus nuptiis.

179. (f° 49 r°). « *De jusjurando.* »

In Novell. Si quis juraverit mulieri legitimam uxorem.

180. (f° 49 v°). « *De justicia et consuetudine.* »

In VIII, lib. C. t. Quæ sit longa consuetudo in cañ. et in Dig.

181. (f° 50 r° au haut) (P. IV. 8).

Cod., lib. IIII, tit. De non numerata pecunia. Capit. Generaliter Sanccimus. Nimis indignum esse judicamus ut quod sua quisque voce protestatus est dilucide id in eundem casum infirmare proprio que testimonio resistere velit (1).

182. (f° 50 r°). « *De judice inscienter.* »

In IIII° lib. Inst., t. (LXXXVII). De obligationibus quasi ex malefitio.

183. (v°). « *De nuptiis.* »

In Novell., cap. (CLXXXIIII). Illustres homines.

184. « *De lite clericorum.* »

In Novell. (cap. CLV). Si quis cum monachis.

184 *bis*. — *Id.*, cap. CXLII.

185. « *De qualitate judicum.* »

In III lib. C. et in Novell. (cap. CXXX). Si cui præses provinciæ suspectus.

186. (f° 52 r°). « *Quando judex.* »

In Novell., cap. (CLXXXXVI). Judex sentenciam diffinitivam.

187. (v°). « *Sentencia episcopi.* »

In Novell., cap. (CCXIII). Si quis contra clericum vel monachum vel diaconissam.

(1) Cf. C. 13 *De non numer. pecunia* (IV. 30).

188. (f° 53 r°). « *Verum est quod isti qui guerram fecerint.* »

In IIII lib., C. t. Si certum petatur.

189. (f° 53 v°). Au haut (P. I. 10) :

Quia plerumque parentes sine causa liberos suos vel exheredant vel omittunt, inductum est ut de inoffitioso testamento agere possint liberi qui queruntur aut inique se exheredatos aut inique preteritos. Hoc colore, idest hac verborum honestate, quasi non sane mentis fuerint cum testamentum ordinaverunt. Sed hoc dicitur non quasi verus furiosus sit, sed recte quidem fecit testamentum, non autem ex officio pietatis. Nam si verus furiosus sit nullum est ejus testamentum. Non tantum autem liberis permissum est parentum testamentum inoffitiosum accusare, verum etiam parentibus liberorum | cum faciunt testamentum de castrensi peculio vel quasi castrensi | . Soror autem et frater et *consanguinei* (souligné et effacé) turpibus personis scriptis heredibus ex sacris constitutionibus prælati sunt. Ultra fratres igitur et sorores cognati nullo modo aut agere possunt aut agentes vincere (1).

190. (v°). « *Si plures pecuniam.* »

§ In Novell., cap. CLXXI.

(1) Cf. Inst. pr. 4, § 1 *De inofficioso testam* (II. 18).

191. (f° 54 r°). Au haut (P. I. 12) :

Parentibus et liberis semper debetur Falcidia nisi ingrati sint. Fratribus vero interdum ut in autenticis, idest si consanguinei sint et turpes persone instituantur fratribus non relicta falcidia. Patronis autem tercia bonorum liberti ut in Codice titulo De inoff. testamento et Institutis eod. titulo et in Digestis eodem.

Alie autem persone quæ neque parentibus neque liberis neque fratribus neque patronis connumerantur, sive ingrati sint sive non, ex voluntate nostra heredes nobis existant vel lucrum ex nostro patrimonio capiunt.

192. « *De ultimis voluntatibus.* »

In Instit., cap. XLV.

193. (f° 54 v°). Au haut « *De juris solempnitate :* »

C. lib. I. Ea quæ contra leges fiunt pro infectis habenda sunt [1].

194. (f° 56 r°) (Appendice). En face de « *Hypotecaria actione :* »

Hypotheca est illud pignus quod sic alii traditur ut tamen a tradente retineatur, ut etsi domum in qua habitas vel fundum quem excolis ipse mihi in pignore ponas et tamen eadem retineas ; unde hipotecaria nascitur actio.

(1) Cf. C. 5 pr. *De legibus* (I, 14).

MS. BARROIS 285.

1. Cap. 1 (P. III. 56^b). In eod. (*sic*), l. IIII, *in fine*.

2. Cap. 2 (P. III. 18). In Dig., l. VI, t. De rei vendicatione.

3. Cap. 3 (P. II. 47). In Dig. lib. XIIII, t. De pignoraticia actione vel contraria.

4. Cap. 4 (P. II. 4). In eod. t.

5. Cap. 5 (P. II. 48). In eod. t.

6. *Ibid.*, v°. *Si pignus plus valet.* In eod. t.

7. Cap. 6 (P. II. 51). In eod. t.

8. Cap. 19 (P. II. 52). In Dig., l. XLVII, tit. De furtis.

9. Cap. 20 (P. II. 25).
10. Cap. 21 (P. III. 22).
11. Cap. 22[1] (P. III. 23).
12. Cap. 23 (P. III. 60).
13. Cap. 25 (P. III. 25).
14. Cap. 26 (P. III. 26).
15. Cap. 27 (P. II. 50).
16. Cap. 28 (P. III. 61).

} In eodem.

(1) C'est à tort que M. Conrat donne pour rubrique de ce chapitre : *De visitando deposito*. Le MS. porte : *De infitiando deposito*.

17. Cap. 29 (P. III. 27).
18. Cap. 30 (P. III. 62).
19. Cap. 31 (P. III. 28).
20. Cap. 32 (P. II. 53).
21. Cap. 34 (P. III. 30).
22. Cap. 35 (P. III. 31).
23. Cap. 36 (P. IV. 18).
24. Cap. 37 (P. III. 32).
25. Cap. 38 (P. II. 17).

} In eodem.

26. Cap. 52 (P. I. 4). Instit., t. Cum negotium gestum est esse dicitur cum eo qui in aliena potestate est.

27. Cap. 53 (P. IV. 52). C., l. IIII, t. De exercici (*sic*) toria vel institutoria. C. Ex contractibus servorum.

28. Cap. 54 (P. II. 33). (En rouge : Ibid., Inst.). C., l. IIII, t. Cum negocium cum eo qui in aliena est potestate.

29. Cap. 55 (P. IV. 60). Ibid., Instit.

30. *Id.* Instit., tit. De satisdationibus.

31. Cap. 56 (P. III. 63). Instit., t. De pena temere litigantium.

32. Cap. 57 (P. I. 54). In Inst., t. De publicis judiciis.

33. Cap. 58 (P. I. 61). In Inst., t. De actionibus.

34. Cap. 59 (P. I. 62). In C., l. I, t. De episcopis et clericis et privilegiis eorum. Cap. Omnis de clericis indebite, et in alio Cap. Presbyteros diaconos, et in alio quisquis consilibus (censibus) fuerit annotatus.

35. Cap. 60 (P. I. 63). In eodem tit. Cap. Presbiteri contra (citra) injuriam questionis, et in alio Cap. Cum clericis in judicium vocatis.

36. Cap. 61 (P. IV. 21). C., l. III, t. Ut nemo invitus.

37. *Id.* C., l. III, t. De judiciis. Cap. Properandum nobis visum est.

38. Cap. 62 (P. IV. 5). C., l. III, t. De judiciis. Cap. Judices oportet.

39. *Id.* C., l. II, t. Ut qui desunt advocationi parcium judex suppleat.

40. Cap. 63 (P. IV. 11). C., l. II, t. De postulando. Cap. Providendum est ne hii.

41. *Id.* C., l. II, De avocatis diversorum judiciorum. Cap. Si patronum causæ. In eodem t. De errore advocatorum.

42. Cap. 64 (P. IV. 12). C., l. III, t. Ne quis in sua causa judicet.

43. Cap. 65 (P. IV. 15). C., l. III, t. I, Cap. Apertissimi juris est et in Novellis. Cap. Si quis ab aliquo fuerit acussatus.

44. Cap. 66 (P. I. 17). C., l. III, t. De inofficioso testamento et in Instit., t. De heredatione liberorum ubi dicit quod si neque exheredaverit nec heredem illum instituerit inutile esset testamentum.

45. Cap. 67 (P. I. 12). In Novellis. Cap. Omnes tam masculi quam femine.

46. *Id.* C., t. De inoff. test. Cap. Quum in prioribus et in alio Cap. Scimus antea constit.

47. Cap. 68 (P. I. 13). C., l. III, t. De inofficiosis donationibus.

48. Cap. 69 (P. IV. 27). In subsequenti Cap.

49. *Id.* In eod., tit. Cap. Sub pretextu post instrumenti reperti.

50. Cap. 70 (P. IV. 26). C., l. II, t. De pactis. Cap. Legem quam dixisti cum doteret (dotem) pro alumpna darem (dares).

51. *Id.* In eod. Cap. In bone fidei contractibus.

52. *Id.* C., l. III, t. Ad senatusconsultum vest. (vell.) Cap. Generaliter sancimus.

53. Cap. 71 (P. II. 38). C., l. II, t. De pactis. Cap. Pacto successor. debitoris.

54. Cap. 72 (P. IV. 53). C., l. IIII, t. Ne uxor pro marito vel maritus pro uxore. Cap. Frustra disputas.

55. *Id.* C., l. V, t. De jure docium. Cap. Licet dos jure penes maritum.

56. *Id.* Quod ibi dicitur de viro idem de uxore intelligendum est.

57. *Id.* In eodem t. Cap. Cum te possessiones.

58. Cap. 73 (P. I. 22). C., l. IIII, t. De actionibus hereditariis. Cap. Pecuniam quam tibi a matre et alio Cap. Si adulta cujus curam geris.

59. Cap. 74 (P. II. 39). C., l. IIII, C. De actionibus et obligationibus. Cap. Ob es alienum.

60. Cap. 75 (P. III, 38). C., l. II, t. De alienatione judicii mutandi causa facta.

61. Cap. 76 (P. IV. 19). C., l. III, t. De jurisdicione omnium judicum et foro competenti Cap. Juris ordinem committi postulas.

62. Cap. 77 (P. II. 54). C., l. IIII, t. De pignorantia actione. Cap. Creditia (*sic*) qui fundos, et in alio Cap. Creditor qui predium.

63. *Id.* In Dig., t. eodem.

64. Cap. 78 (P. II. 56). In eodem cap. Creditor qui fundos.

65. *Id.* In Dig., tit. eod.

66. Cap. 79 (P. II. 57). In Inst., cap. Re cūtrahitur [contrahitur] obligatio et in C., t. De pignorat. acct. càp. Si creditor argentum sine vicio.

67. Cap. 80 (P. II. 41). C., l. VIII, t. De pactis pignoribus et commissoria lege.

68. Cap. 81 (P. I. 27). C., l. tercio t. Famil. herciscundis. Cap. Si famil. hercisc. de judicio quo bona paterna.

69. Cap. 82 (P. I. 23). C., l. IIII, t. Famil. hercisc. Cap. Si divisionem conventione facta.

70. *Id.* In eod. l. t. Communia utriusque. Cap. Majoribus etiam per fraudem.

71. Cap. 83 (P. II. 42). C., l. II, t. De pactis. Cap. De questione tali.

72. Cap. 84 (P. I. 5). In Novell. Cap. Nemo tutor vel curator.

73. *Ibid.* C., l. V, t. De usuris pupillaribus. Cap. primo.

74. *Ibid.* In sequenti.

75. Cap. 85 (P. I. 44). C., l. V, t. primo. De sponsalibus et arris sponsaliciis. Cap. Mulier sui juris constituta.

76. *Ibid.* In fine capituli.

77. Cap. 86 (P. IV. 20). C., l. II, t. Ne liceat potentioribus.

78. Cap. 87 (P. II. 40). C., l. IIII, t. Quando fiscus vel privatus. Cap. Si in causa judicati valentis, et in alio Cap. In solutum nomine dato, et in Novellis. Cap. Si quis credidit.

79. Cap. 88 (P. IV. 55). C., l. V, t. De secundis nupciis. Cap. Hac edictali lege.

80. *Id.* In Novell., t. Cujus temporis computatio. Cap. Sed est quesitum multociens.

81. Cap. 89 (P. II. 35). C., l. VIII, t. Pro usuris. Cap. Pignoribus quidem.

82. Cap. 90 (P. II. 55). C., l. VIII, t. Etiam ob cyrographiam (cyrographariam) pecuniam.

83. Cap. 91 (P. II. 58). C., l. VIII, t. l. Antiquior creditor et alio t. Debitorem vendicionem pignorum.

84. *Id.* In eodem t. De pretorio pignore et ut in actionibus.

85. Cap. 92 (P. II. 59). C., l. VIII, t. De jure dominii impetrando. Cap. Vetututissimam (*sic*).

86. Cap. 93 (P. IV. 23). C., l. VIII, t. De excepcionibus. Cap. Si quidem inventi.

87. Cap. 94 (P. IV. 25). In eodem.

88. Cap. 95 (P. II. 12). C., l. VIII, t. De donationibus et institucionibus.

89. Cap. 96 (P. IV. 22). In eodem t. De evictionibus. Cap. Quum avus tuus.

90. Cap. 97 (P. IV. 50). In eodem. Cap. Non dubitatur.

91. Cap. 98 (P. IV. 24). Ibidem. Cap. Emptor fundi. Cap. Si permutationis.

92. Cap. 99 (P. II. 19). Cap. Si post perfectam vendicionem.

93. Cap. 100 (P. II. 46). C. l. IIII, t. De mandatis et Cap. Si pro ea contra quam.

94. Cap. 101 (P. IV. 54). C., l. V, De jure docium. Cap. Ubi adhuc matrimonium.

94 *bis*. *Id.* In. C., l. VIII, t. Qui pociores in pignore. Cap. Assiduis condicionibus.

95. *Id.* In Novell. Cap. Quedam mulier Ticia nomine.

96. *Id.* In predicto. Cap. Assiduis condicionibus.

97. *Id.* In predicto. Cap. Ubi adhuc matrimonio.

98. Cap. 102 (P. III. 39). In Novell. Cap. Si quis prolatam manum suam.

99. Cap. 103 (P. III. 64). In Novell.

100. Cap. 104 (P. IV. 49). In Dig., l. XLIIII, t. De actionibus et obligationibus.

101. Cap. 105 (P. IV. 40). In Dig., l. XLVII, t. De furtis.

102. Cap. 107 (P. III. 41). In eodem t. Cap. Qui vas argenteum.

103. Cap. 111 (P. IV. 33). In Dig., l. XXII, t. De testibus.

104. Cap. 112 (P IV. 39). In eodem.

105. Cap. 113 (P. II. 60). In eodem l. t. De usuris et fructibus et causis.

106. Cap. 114 (P. IV. 51). In eodem t.

107. *Id.* In Dig., l. XXI, t. De redibitoria et quanto minoris.

108. Cap. 115 (P. III. 67). In Dig., l. XVIIII, t. De locato et conducto.

109. *Id.* In Dig., l. XIIII, t. Commodati vel contra.

110. Cap. 116 (P. II. 61). In eodem, t. De locato et conducto.

111. Cap. 117 (P. IV. 14). *De rei probatione.* In Digest., l. IIII, t. Quod metus causae gestum erit.

112. Cap. 118 (P. II. 45). *De succurrendo fidejub.* Etiam infra annum tenetur in quadruplum si rem debitam vel sibi obligatam vi rapiunt ut in C., l. VIIII, t. Vi bonorum raptorum, Cap. res obligata[s] sibi (1).

(1) Cette glose est plus courte dans le MS. 1730, où elle se trouve, en effet, sous la forme que voici (f° 124 r°-v°, col. 1-2) : « Extra. Etiam intra annum tenetur in quadruplo, si rem debitam vel sibi creditam vel obligatam vi rapuit. » — Au contraire, elle existe presque identique dans le MS. de Prague (Ed. Fitting, n° 295).

APPENDICE III.

TABLEAUX SYNOPTIQUES DES SOURCES DE PETRUS.

I. COLLECTION A (BARROIS 336).

Les sources de cette collection se répartissent ainsi :

Digeste seul, chap. 6, 43-44, 47, 125.
Digeste et Code, chap. 46-59, 61, 135-136.
Digeste et Institutes, chap. 12-29, 37, 66-67.
Digeste, Code et Institutes, chap. 76-100, 106-111.
Épitome de Julien, chap. 38-42, 45, 62-63, 101-105.
Julien et Code, chap. 112-134 (sauf chap. 125).
Julien, Code et Institutes, chap. 1-5, 7-11, 31-36, 64-65, 68-75.
Droit lombard, chap. 26, 30, 34, 54, 90.
Droit féodal, chap. 60.

Quatre chapitres seulement contiennent des citations textuelles, savoir :

Chap. 44, Inst., § 2 (III. 20); chap. 47, L. 1, pr. (IV. 2); chap. 62, Julien 119, I; chap. 125, L. 14 et 39 (I. 3).

Dans le chapitre 136, mention est faite des diverses parties du *Corpus juris*.

J'indique les livres et titres du Digeste qui ont été mis à contribution :

Livre I, tit. 3 (chap. 67).
Livre II, 14 (chap. 110).
Livre IV, 2 (chap. 47).
Livre V, 1 (chap. 49).
Livre IX, 1 (chap. 26-28).
Livre IX, 2 (chap. 21, 29, 61, 66, 81).
Livre IX, 4 (chap. 27).
Livre X, 3 (chap. 87).
Livre XI, 3 (chap. 22).
Livre XII, 4 (chap. 85).
Livre XII, 5 (chap. 84).
Livre XIII, 6 (chap. 12).
Livre XV, 1 (chap. 98).
Livre XVII, 1 (chap. 94-95).
Livre XIX, 2 (chap. 66-67).
Livre XXI, 2 (chap. 76).
Livre XXII, 3 (chap. 49, 56).
Livre XXII, 5 (chap. 51, 54, 55, 58).
Livre XXIII, 1 (chap. 43, 44, 89, 106, 107).
Livre XXIII, 2 (chap. 43-44, 105-107).
Livre XXIV, 1 (chap. 6, 37).
Livre XXVI, 8 (chap. 90).
Livre XXVIII, 1 (chap. 52).
Livre XXVIII, 3 (chap. 135-136).

Livre XXX, tit. 1 (chap. 135).
Livre XLI, 1 (chap. 76).
Livre XLIII, 16 (chap. 95).
Livre XLIV, 7 (chap. 111).
Livre XLVII, 2 (chap. 24).
Livre XLVIII, 10 (chap. 59).
Livre XLIX, 17 (chap. 97).

II. *COLLECTION B* (BARROIS 285).

Cette collection paraît formée des quatre séries suivantes :

1° *Série des livres* 45 *à* 50 *du Digeste,* chap. 9-51, 104-110 et 116.

2° *Série des livres* 4 *à* 13 *du Digeste,* chap. 1-7, 118-120.

3° *Série de quelques textes des livres* 19 *et* 22 *du Digeste,* chap. 111-115.

4° *Série du Code, de Julien et des Institutes,* chap. 8; chap. 52-103.

La première série est de beaucoup la plus importante au point de vue des textes. Elle ne contient en règle que des textes purs. Un seul chapitre (chap. 51) est un résumé de diverses lois; un autre (chap. 45) une intercalation de source inconnue.

J'ai retrouvé la deuxième série dans le MS. de Cambridge (voyez *infrà,* 3e Étude, chap. VI, nos 17 à 28.

La quatrième est formée en majeure partie de résumés méthodiques.

Voici, en détail, les principaux textes qui composent les trois premières séries et le début de la quatrième. Je suivrai l'ordre même des chapitres de la collection B.

2e Série. Chap.	1.	L. 1 suiv.	(6.3).
—	2.	L. 60	(6.1).
—	3.	L. 4	(13.7).
—	4.	L. 9 pr.	(13.7).
—	5.	L. 9, § 4, LL. 10 et 8 pr.	(13.7).
—	6.	L. 22 pr.	(13.7).
—	7.	L. 35	(13.7).
4e Série. —	8.	Cbn. C. 9 (3.1). Julien 112, L. 33 (1.3).	
1re Série. Chap.	9.	L. 1 pr. et § 1	(48.4).
—	10.	L. 11	(48.4).
—	11.	L. 26	(48.19).
—	12.	L. 5	(48.18).
—	13.	L. 38, § 3	(48.19).
—	14.	L 38 pr.	(48.19).
—	15.	L. 1 pr.	(47.10).
—	16.	L. 2	(47.10).
—	17.	L. 21	(47.10).
—	18.	L. 15 pr., etc.	(47.10).
—	19.	L. 73	(47.2).
—	20.	L. 76	(47.2).
—	21.	L. 80	(47.2).
—	22.	L. 67	(47.2).
—	23.	L. 1	(47.1).

1re Série. Chap.	24.	L. 2 pr., etc.	(47.1).
—	25.	L. 15, etc.	(47.2).
—	26.	L. 52, etc.	(47.2).
—	27.	L. 19	(47.2).
—	28.	L. 37	(47.2).
—	29.	L. 38	(47.2).
—	30.	L. 43	(47.2).
—	31.	L. 48, § 5	(47.2).
—	32.	L. 54	(47.2).
—	33.	L. 5	(47.8).
—	34.	L. 89	(47.2).
—	35.	L. 32	(48.10).
—	36.	L. 1 pr.	(48.17).
—	37.	L. 71	(47.2).
—	38.	L. 14	(47.2).
—	39.	L. 43	(47.2).
—	40.	L. 44	(47.2).
—	41.	L. 52, § 7	(47.2).
—	42.	L. 47	(47.2).
—	43.	L. 50, L. 51	(47.2).
—	44.	L. 34	(47.2).
—	45.	Intercalation : « Augustinus in libro De civitate Dei... » P. IV, 4).	
—	46.	L. 33	(45.1).
—	47.	L. 35 pr., §§ 1-2	(45.1).
—	48.	L. 36	(45.1).
—	49.	L. 37	(45.1).
—	50.	L. 1 pr., § 4 et 6	(45.1).
—	51.	Compilation tirée de 45.1.	

4e Série. Chap. 52. Résumé des Instit. (I. 21, III. 19).
— 53. Résumé des Instit. (IV. 7) et Dig., L. 9, § 2 (15.1).
— 54. Résumé, Cf. L. 1 pr. (14.6).
— 55. Instit., §§ 2-5 (IV. 11).
— 56. Résumé des Inst. § ult. (IV. 16) et Dig., L. 24 (2.4).
— 57. Inst., § 4 (IV. 18).
— 58. Résumé de Julien 119 (13.15 et 6), et C. 46, § 7 (I. 3).
— 59. Résumé de C. 6.1.2 (I. 3).

. . . .

— 63. Résumé, L. 1 (47.15), C. 1.3 (2.10), Julien 24.1.

. . . .

1re Série. Chap. 104. L. 57 (44.7).
— 105. L. 91 (47.2).
— 106. L. 85 (47.2).
Chap. 107. L. 48, § 7 (47.2).
— 108. L. 47 (50.17).
— 109. L. 48 (50.17),
— 110. L. 34 (50.17).
3e Série. Chap. 111. L. 25 (22.5).
— 112. L. 23 (22.5).
— 113. Cbn. L. 32, § 2 (22.1). C. 19 (4.32).
— 114. Cbn. L. 32, § 2 (22.1). Inst., § 30 (4 6.)
— 115. L. 19, § 1 (19.2).
1re Série. Chap. 116. L. 37 (47.2).

2e Série. Chap. 118. L. 13 (4.2).
— 119. L. 7 (4.4).
— 120. Résumé. C. 2 (4.7). L. 4 (15.5). L. 2 (14.6).

III. SOURCES AUTRES QUE LES COLLECTIONS A ET B.

1° *Chapitres de Petrus qui manquent dans les collections A et B, mais qui se trouvent dans le MS 1730.*

Petrus, I. 1 (C. 9 (1.14)) (1).
— I. 52 (C. un., 9.13).
— II. 20 (L. 14 (18.1).
— III. 36. Décret du pape Jean VIII, du 18 août 878 (2).
— III. 48. Droit germanique (lombardo-franconien?)

(1) Existe dans *Collectio Cæsaraugustana* et dans les *Excerpta* du MS. de Cambridge.

(2) *Collectio Cæsaraugustana, Collectio tripertita*, Collection de Prague (Schulte), no 241, Décret d'Yves, III, 98, Panormie, II, 80, — C'est le chapitre que Laferrière a prétendu emprunté maladroitement au décret d'Yves de Chartres (Laferrière, *Hist. du droit français*, t. IV, p. 295-297). — Son argumentation est loin d'être convaincante, car le texte de Petrus, identique à celui de la *Collectio Cæsaraugustana*, présente un sens plus satisfaisant même que celui du Décret d'Yves. C'est le pape qui ordonne que sa décision sera transcrite « *hucusque* ». — En tout cas, l'argumentation dont je parle ne s'appliquerait, on le voit, qu'à l'une des additions faites aux collections A et B, et ne pourrait, dès lors, fournir qu'un *terminus a quo* pour leur réunion.

Petrus, IV. 37. Constit. de Constantin de l'an 331 (Const. de Sirmond, 18, Haenel, col. 445) (1).

2° *Chapitres de Petrus qui manquent à la fois dans les deux collections A et B et dans le MS. 1730.*

Petrus, II. 22 (L. 3, § 1, *Naut. caup.*, 4. 9).
— III. 68 (L. 7, § 2, *Naut. caup.*, 4. 9).

(1) Capit. Bened., II, c. 366. *Collectio tripertita, Anselmo dicata*, Collection de Prague-Schulte, Décret d'Yves, XVI, 312; Panornie, V, 23.

APPENDICE IV.

—

CHAPITRES DE PETRUS

QUI SE TROUVENT DANS LA COLLECTION CÆSARAUGUSTANA

(XIe s.).

MS. Bibl. nat. latin 3876.

Petrus I. 1 (f° 4 r°). Manque dans les collect. A et B.
— I. 37 (f° 68 r°). Collect. A, chap. 6.
— I. 50 (f° 62 v°). — chap. 107.
— I. 51 (*ibid.*). — chap. 108.
— III. 36 (f° 41 r°). Manque dans les collect. A et B.
— IV. 1 (Jusque « *id est cognoscatur* ») (f° 120 r°). Collect. A, chap. 129.
— IV. 5 (*ibid.*). Collect. B, chap. 62.
— IV. 7 (1re phrase, f° 35 A, complet f° 120 v°). Collect. A, chap. 49.
— IV. 27 (1re phrase seulement, avec lacune des mots « *et super hoc placitum ut melius sibi credatur nomen domini invocaverit* ») (f° 120 v°). Collect. B, chap. 69.

Petrus IV. 30 (Sauf dernière phrase) (f° 35 A et f° 120 r°-v°). Collect. A, chap. 50.
— IV. 34 (f° 120). — chap. 54.
— IV. 35 (*ibid.*). — chap. 52.
— IV. 36 (*ibid.* et f° 35 A). — chap. 53.
— IV. 41 (*ibid.*). — chap. 57.
— IV. 43 (*ibid.*). — chap. 48.

Ordre dans lequel les textes précédents se succèdent dans la collection CÆSARAUGUSTANA.

Petrus I. 1.			
— IV. 30 (sauf dern. phrase).	Collect. A,	chap.	50.
— IV. 36.	—	chap.	53.
— IV. 7 (1re phrase)	—	chap.	49.
— III. 36.			
— I. 50	Collect. A,	chap.	107.
— I. 51	—	chap.	108.
— I. 37	—	chap.	6.
— IV. 1	—	chap.	129.
— IV. 5	Collect. B,	chap.	62.
— IV. 7	Collect. A,	chap.	49.
— IV. 43	—	chap.	48.
— IV. 41	—	chap.	57.
— IV. 30 (sauf dern. phrase).	—	chap.	50.
— IV. 36	—	chap.	53.
— IV. 34	—	chap.	54.
— VI. 35 . , ...	—	chap.	52.
— IV. 27 (1re phrase)	Collect. B,	chap.	69.

TROISIÈME ÉTUDE

UN MANUSCRIT DE CAMBRIDGE

UN MANUSCRIT DE CAMBRIDGE.

Les documents comme les hommes ont besoin d'être étudiés dans leur milieu. C'est la pensée qui a présidé à cette étude et qui la rattache étroitement dans son ensemble aux deux précédentes.

Savigny avait, d'après une communication d'Hænel, signalé l'existence des *Exceptiones Petri* dans un MS. du *Trinity-College* de Cambridge, provenant de la Bibliothèque de sir Thomas Gale; mais nulle suite n'avait été donnée à cette indication ni par Savigny lui-même ni par ses continuateurs ou ses critiques. Quand, me reportant au catalogue de la Bibliothèque de sir Thomas Gale, j'ai vu que ce MS. ne contient pas seulement Petrus mais constitue un volume de mélanges, il m'a paru important de l'examiner et de le décrire dans son ensemble.

Les honorables conservateurs de la belle collection du *Trinity-College*, avec une libéralité dont je leur exprime ma vive gratitude, ont bien voulu faciliter ma tâche. Sur la demande de M. Léopold Delisle, à qui j'adresse aussi mes remerciements publics, ils ont consenti à l'envoyer à la Bibliothèque nationale, où j'ai pu l'étudier à loisir.

CHAPITRE PREMIER.

DESCRIPTION DU MANUSCRIT.

Le catalogue de la Bibliothèque Thomas Gale indique en ces termes le contenu du MS. (1) :

« Aristotelis metaphysicorum versio vetus diversa ab ea Sepulvedæ et Bessarionis

Bernardi Sylvestris megacosmus et microcosmus collati cum alio MS

Senecæ Epistolæ, quarum ultima sic incipit : Quid est hoc, mi Lucili?

Jus civile, sic incipiens : Inter summas philosophiæ species.

De pactis. Initium : Pactorum quædam in contractu bonæ fidei

Leges Romanæ. Initium : Cum de pluribus diversisque causarum generibus.

Moralis Philosophia. Initium : Moralium Dogma Philosophorum

Alia quædam ad jus civile pertinentia, in membranis antiquis. »

(1) Catalogi librorum MSS. Angliæ et Hiberniæ in unum collecti (Oxford, 1697), T. II, p. 190 (nº 6049, 215).

Cette description est, en général, exacte, mais beaucoup trop sommaire.

Le MS. (Cambridge O.7.40) est un petit in-8° de 254 f^os, écrit de différentes mains, et composé, comme je le montrerai, de fragments juxtaposés. Pour qu'on puisse mieux se rendre compte de sa physionomie, je commence par donner un détail plus précis des textes qu'il renferme.

1° f°s 1- 67. Aristotelis metaph. versio.

2° f°s 71-119. B. Sylvestris megacosmus et microcosmus.

3° f°s 120-153. Senecæ Epistolæ.

4° f°s 156-177. Mélanges de droit civil :

- *a*. f°s 156-r°-157-v° : Prologue.
- *b*. f°s 157-v°-176-r° : *Epitome Exactis.*
- *c*. f° 176-v° : Traité sur la prescription.
- *d*. f° 177-r° : *De jure civili.*

5° f°s 178-r°-182 : Mélanges de droit canonique :

- *a*. f° 178-r° : Petit traité des lettres formées.
- *b*. f° 178-v° : *De figura affinitatis.*
- *c*. f° 179-v° : « *Sponsa alia simplex, alia non simplex.* »
- *d*. f° 182 r° : « *Pro utraque parte testem...* »

6° f° 183 : Définitions et préceptes moraux.

7° f° 184-r°-202 : *De pactis* (distinctions d'Hugo).

8° f° 204-220 : *Leges romanæ* (collection A de Petrus).

9° f° 220-227-v° : *Excerpta.*

10° f°s 228-245 : Mélanges de morale :

a. f°s 228-241 : Traité de morale.

b. f°s 241-246 : Préceptes moraux.

11° f°s 247-253 : Mélanges de droit civil :

a. f° 247 : *De multiplici juridictione.*

b. f°s 248-r°-254 : *Summa de arbitris.*

Les f°s 120 à 227 forment le noyau du MS. Ils sont d'une petite écriture serrée, à peu près uniforme, avec des initiales rouges et bleues, de la fin du XIIe ou plutôt du commencement du XIIIe siècle. Le MS. dont ils devaient faire originairement partie n'est plus au complet, car le texte s'interrompt brusquement au bas du f° 227-v° sur les mots *sic rapina.* Ils sont encadrés dans des fragments de MSS. d'écritures diverses.

En tête du volume, les f°s 1-67 présentent un texte sur deux colonnes; les f°s 71-119 sont à pleines lignes d'une écriture plus grande.

A la fin du volume, les f°s 228 à 241, puis 241-246 v°, paraissent deux morceaux de mains différentes; le f° 247 est un feuillet isolé, d'une écriture plus récente (1re moitié du XIIIe siècle). Viennent enfin d'une autre main, mais d'époque fort voisine, les f°s 248-254.

Aucun des textes composant le MS. ne semble plus jeune que le milieu du XIIIe siècle. Sur le dernier feuillet, on lit cette note qui peut servir dans une certaine mesure de point de repère :

« Anno Domini M CC LX° tunc incipiente, accepi habitum religionis et sunt postea mortui de concanonicis nostris Dominus Johannes de Hegfeld, Dominus Robertus de Herierd, Dominus Rob. de Conton, Dominus Philippus de Leya, Dominus Elyas de Bokam, Dominus Eustachius prior, Dominus Nicholaus Saunztere, Dominus Henricus de London, Dominus Bartholomæus de Raignes (1). »

Je vais parcourir les parties du MS. intéressantes pour l'histoire du droit romain au moyen âge.

(1) Ces noms ont été ajoutés successivement, comme à une liste qu'on tient à jour.

CHAPITRE II.

EPITOME EXACTIS ET PROLOGUE.

M. Conrat, dans l'édition qu'il a donnée de l'*Epitome Exactis*, a mis un assez grand nombre de manuscrits à profit. Il en existe d'autres qu'il n'a pas connus. Tel notre MS. de Cambridge, qui contient cet écrit sur les f°s 157 v°-176 r° (1), et offre la circonstance insolite qu'il y est précédé d'un prologue. Il serait téméraire, sans doute, d'affirmer que ce prologue, très remarquable en soi, a été composé en vue de l'*Epitome*, et qu'il devait faire corps avec lui, d'autant plus qu'il semble formé de deux parties distinctes, la seconde commençant aux mots : « *Equitatis ad justiciam.* » Je ne crois pas non plus qu'on puisse émettre des conjectures satisfaisantes sur sa date, jusqu'à ce que la littérature juridique de la fin du XIe et du cours du XIIe siècle ait été mieux explorée.

Je veux signaler seulement les rapports qui existent entre ce prologue et le début du IVe chapitre du traité *De varietate actionum* attribué à Placentin. Si cette attribution était exacte, nous aurions là un point d'at-

(1) Je puis signaler encore à M. Conrat deux autres MSS. de la Bibliothèque nationale, où l'*Épitome Exactis* se rencontre : le MS. latin 14591 f° 83 r°-89 v°, et le MS. latin 14609 f° 93^{a}-103^{a}.

tache, mais Savigny a démontré que les deux premiers chapitres seulement de ce traité sont de Placentin, que le troisième est de Bulgare ou de Bulgarinus, et les trois derniers d'auteurs inconnus [1]. Nous retrouverons à la fin même du MS. de Cambridge le troisième chapitre, et pour faire juger des ressemblances que le prologue du IVe chapitre présente avec le nôtre, je mettrai en regard les passages concordants.

Traité de *Varietate actionum* attribué à Placentin (*Placentini jurisconsulti vetustissimi in Summam Institutionum*... lib. IV. *Ejusdem de Varietate Actionum*, libri VI (Lugd. *apud Joan. Frellæum* et *Gulielmum de Guelques*, 1536, Lib. IV. *De expediendis judiciis.*, p. 262 suiv.).

Inter cætera studiorum genera ars boni et æqui sola obtinet principatum. Ejus enim disciplina totius mundi regitur status res privata et publica custoditur et non solum humanæ, verum etiam divinæ rei gubernatur conditio. Quoniam ipsius autoritate libertas dominatur, servitus subjugatur, res jure adquiritur, adquisita defenditur amissa recuperatur, injuria cum infertur propulsatur, illata per judicem vindicatur, privati honoratis subjiciuntur, devoti justis eorum præceptis subsequuntur, contumaces a severa animadversione puniuntur, milites ad regni tuitionem legitima moderatione muniuntur, Imperator seu navis justitiæ gubernaculum retinet,

(1) Savigny, *Geschichte des Röm. Rechts im Mittelalter*, IV, p. 262 et suiv.

judices velut nautæ officii sui remos exercent, populus quasi navis ab Imp. et judicibus sub rate atque eorum moderamine impetum suum et levitatem coërcet... (1). Et sicut deus per semetipsum eam constituit, sic etiam humanæ menti ethnicorum superstitionem inseruit. Unde propter rempublicam plebs et senatus idololatriæ cultibus deditus, tenenti ejus amorem et observationem, tantæ benignitatis viam composuit Artem autem boni et æqui legem esse, in lib. I ff. De just. et jur., l. I, invenitur et claris rationibus patenter ostenditur. Ipsa enim sola, et vitæ honestatem, et sui cuique tributionem jubet, et alteri læsionem prohibet : ut ff. De just. et jur. l. justitia. Qui ego tam pretiosæ scientiæ, tam a deo dilectæ, tam omni humano generi necessariæ, eruditione nititur, sive judex, judicium cum justitia et veritate disponat : sive causidicus sit, justitiæ defensor existat.

Prologue du manuscrit de Cambridge (f° 156 r°-157 v°).

Inter summas philosophie species ars boni et equi tum propter dignitatem suam tum propter omnium communem utilitatem eleganter dicitur connumerari. Dignitas autem ejus perpenditur ex ipsius origine, ex officio, ex effectu. Ex origine? manavit enim ex fonte justitie, quo inebriati, docemus que debeamus complere precepta, que declinare prohibita, que possimus sectari permissa, ne omittendo quod jubemur, aut faciendo quod vetamur jura et leges offendamus. Hec enim duo sola sunt evitanda, que sola sunt punienda. Quum omne delictum horum altero includitur, omnisque ultio horum altero provocatur. Et ideo quedam

(1) Voyez la suite infrà, p. 299, col. 1.

leges sunt precipientes quedam prohibentes. Sed quia quod permittitur medium est inter precepta et inhibita que nec faciendo delinquimus nec omittendo multum laudamus, ut est mutuum contrahere, prolem propagare, ideoque quedam leges dicuntur permittentes que nec premiis donant nec penis afficiunt.

Officium autem ejus exercetur per duos quos habet ministros, scilicet patronum causarum et judicem. Quorum alter causas suo muniens patrocinio juxta jus allegat de facto fidemque facit judici allegando. Alter vero super causas cognoscens prout legibus aut moribus preditus est juxta postulantium rationes lites dirimit in medio constitutas.

Effectus vero in tribus preceptis juris completur, scilicet honeste vivere, neminem ledere, jus sum cui cumque tribuere. Quorum vigore totius mundi regitur status, publica res et privata custoditur et non solum humane sed et divine rei gubernatio conditur non solum superioribus et terrenis dominis debetur vel exhibetur reverentia verum etiam omnis creatura suo creatori jubetur esse subjecta. Pariter (enim) non expedit neminem ledere, jus suum unicuique tribuere, si ipsum sempiterne regem glorie aut delinquendo offendamus aut ipsi debitum honorem denegando quod potissimum est contenpnamus.

Utilitas vero communis omnium ex civilibus colligitur et criminalibus questionibus. Ex civilibus; prout jura prædita sunt circa res adipiscendas, recuperandas, retinendas. Ex criminalibus, prout leges delinquentes persequuntur, lesos ulciscuntur et nunc injurias impediunt prohibendo nunc castigant puniendo.

Traité de Varietate actionum.

... Quæ quidem ars, testante divina philosophia, non solum apud terrenum principem omnibus primum, sed etiam apud ipsum sempiternæ gloriæ regem, antiquissimi sui vigoris exercet effectum. Cum enim prævaricator angelus in superbiæ se tumorem erexit, et regi suo partem regni auferre voluit, quid aliud quàm cogitando crimen majestatis commisit? et ob hoc sempiternæ mortis, commemorem damnationis sententiam pertulit? Et cum primus homo concupiscendo scientiam boni et mali de prohibito pomo comedit, sine dubio crimen ambitus contraxit, idque perpetui exilii justissimam pœnam meruit. Sed quia indulgentia principali restitutus fuit, cœlestem patriam, quasi quandam civitatem et opinionem amissam per in integrum restitutionem recuperavit. Et quia peccando

Prologue du MS. de Cambridge.

Igitur testante Ulpiano viro juris consultissimo, ars boni et equi est vera philosopha que non solum apud terrenum principem preeminet sed et apud ipsius eterni regis judicia sui antiquissimi vigoris monstrat effectum, non tamen quia ipsa tam incomparabilem rexisset justiciam sed quia ipse eam fundavit suo et solidavit judicio. Cum enim ille prevaricator angellus se in superbie tumorem erexit et in aquiloneam sedem positus parem cum deo nanscisci majestatem temptavit, quid aliud quam crimen majestatis commisit et propter hoc perpetue memorie dampnationis sententiam pertulit. Qua pena hoc delictum et hee leges persequuntur. Item cum primus homo concupiscendo scientiam boni et mali, domini precepto obviam venit, ipse quidem in crimen ambitus incidit, et ideo penam exilii

Traité de Varietate actionum.	**Prologue du MS. de Cambridge.**
lucrosam hæreditatem repudiavit, damnosam inconsulte adiit, creditori diabolo obligatus permansit. Sed quia non a semetipso sed a diabolo persuasus per fragilitatem id fecit, quasi imperfectæ ætatis adversus repudiationem et aditionem in integrum restitutus fuit. Et non in divina lectione ars ista posita est : sed cum alia ferè cuncta solo verbo dei et voluntate sunt condita, hanc ipsius creatoris digito scriptam constat Moysi fuisse tributam....	sustinuit. Sed quia principali indulgentia restitutus fuit tanquam qui minus deliquit, celestem patriam quasi suam recepit, et quia lucrosam hereditatem peccando repudiavit, damnosam inconsulte adiit, dolo tamen serpentis circonventus, ideo, quasi imperfecte etatis adhuc constitutus, ut pupillus, per in integrum restitutionem relevatus est adversus repudiationem. Item cum omnia alia solo verbo et voluntate sint condita artem boni et equi ipsius conditoris manuscriptam constat moysi fuisse tributam.

In hac ergo tam excellenti scientia inquiramus que sit materia, que intentio, que utilitas lectorum. Materia vero ejus est rudis equitas et jus et id circa quod jus versatur : Rudis equitas non constituta sed constituenda et in formam juris et præcepti redigenda; Jus prout in legem, in plebiscitam, in senatusconsulta, in magistratuum edicta, in responsa prudentium, in constituta imperatorum distributum. Circa quod diverso modo operatur. Nunc enim comprobat nunc abrogat, nunc interpretatur, nunc corrigit. Comprobat : ut que ab aliis scripta utilitati et equitati sunt consentanea. Abrogat ut legem Fusiam Caniniam, item Juniam Norbanam atque elyascentiam (*sic*) quas velut libertatibus invidas imperator censuit esse tollendas. Interpretatur ut in descisionibus veterum questionum ex lege scripta provenientium, ut nomine constitute pecunie et teneri eum qui quamlibet aliam rem se constituit soluturum. Item beneficium epistole Divi Adriani quæ de solis loquitur mandatoribus et fidejussoribus per interpretationem extendit ad constitutiones. Cumque senatusconsultum macedonianum prohibuisset mutuam pecuniam dari filiisfamilias ne illis mole debitorum prægravatis esset occasio machinandi mortem parentibus, hujus senatusconsulti vigorem extendit per interpretationem ad nepotes et pronepotes et deinceps qui sunt heredes, ut ubi eadem equitas vel eadem causa prohibitionis reperitur et eadem jura recipiantur. Nec solum circa jus admittitur interpretatio, sed et circa factum; quando interpretandum est defecisse quod revera existit, et quando factum esse quod revera factum non est. Exempli gratia. Quidam eum quem suum putabat filium instituit heredem : ex postfacto apparuit ipsum non esse filium ejus. Et ideo ne verba prejudicarent manifesto sensui non eum instituisse heredem si sciret alterius esse filium, ideo imperator interpretatur eum non esse heredem institutum, dum tamen institutus fuit, et sic eum ab hereditate repellit. Item cum quedam duos filios heredes scripsisset in puerperio, preventa morte tercium non instituit. At imperator hujus repentimi casus iniquitatem per conjecturam materne pietatis emendans interpretatur et tercium institutum qui institus non fuit et sic ad hereditatem admittit.

Corrigit autem aut transformando aut addendo aut diminuendo. Transformando ut circa usucapionem prius biennio utique in rebus mobilibus completam, in sola Italia in inmobilibus per triennium, nunc vero utique in rebus mobilibus trihennio, et in inmobilibus utique inter presentes decennio, inter absentes vicennio terminandam. Addendo ut sollempnitati testamentorum additum est exprimi debere nomen heredum per manus testatoris vel testium. Diminuendo ut in exceptione non numerate pecunie non quinquennium ut olim sed biennium sufficiat.

Sequens est ut ad id transeamus circa quod jus versatur. In eo autem inspicimus res, personas, negocia et delicta, quum ex diversa conditione personarum et ex multiplici varietate rerum item ex varia qualitate negotiorum et delictorum nascitur omnis diversitas legis. Comparat igitur doctrina de personis prout ipse in potestate parentum vel dominorum vel extra sint constitute, prout infra annos, vel extra sint posite, prout sint private aut aliqua administratione seu dignitate sint decorate. Item secundum diversitatem sexus et eventus. De rebus prout admittunt vel effugiunt adquisitionem. De negotiis prout voluntates contrahentium seu pasciscentium rate vel irrite debeant esse. De delictis prout civiliter vel criminaliter deteguntur.

Intentio autem ejus alia communis alia specialis. Communis cum ceteris hujus artis scriptoribus ignaros juris docere, legum contemptores ad observationem juris metu penarum exortatione premiorum adducere. Sunt enim quidam qui jus ignorant quidam mentem. Jus quidam ii qui nec verba noverint legis scripte. Mentem juris ii qui dum verba noverint, vim et potestatem legis non intelligunt. Specialis ejus intentio est illa veterum et multam confusionem legum ubi erant fere duo millia librorum et tricies centena millia versuum in luculenteam reducere brevitatem. Ita tamen ut quicquid utilitatis aut equitatis ibi erat comprehensum hic miro modo in hanc brevitatem sit redactum ut hodie lites non judicum voluntate ut olim sed legum auctoritate terminentur.

Utilitas vero lectori tam magna est quam et manifesta, si, toto legitimo opere perfecto, adepta juris pericia tam disertissimorum advocatorum quam venerabilium judicum nomen promereantur, ut nec ecclesia nec imperium ullam superiorem aut inferiorem habet amministrationem seu dignitatem quam non possint tanquam impares moderari, sed cum summa justicia summa sollicitudine omnia sciant regere et disponere. Itaque ad tam eminentem scientiam accedentes, ad tam incomparabilem utilitatem aspirantes sic erudiri laborate ut spes vestra non mentiatur et optimum principium suus finis comitetur.

Equitatis ad justiciam, juris ad jurisprudentiam studiosa subtilitas investigavit differentiam. Quorum diffinitiones primum est aperire ut sic provideant in lucem eorundem differentiam. Est igitur equitas rerum convenientia quæ cuncta cœquiparat et in paribus causis paria jura desiderat. Ut ecce equum est ultores apprehendere cum injuris ut danpni resarcitatio priorem afferat, causam et numerationi respondeat secundum genus, qualitatem aut quantitatem mutui solutio. Hec autem similium equa conditio eatenus custoditur ut quod equitas quibus damattribuit hoc similibus non invidant. Justitia est constans et perpetua voluntas jus suum cuique tribuens. Ex hac voluntate quis dicitur justus dummodo non sit momentanea, sed constans ut omnis virtus nec angusta sed perpetua currens per omnia, quam (quanquam?) sufficit esse de tribuendo, quando resistitur ei de jure vel de facto, quando vero hujus voluntatis jus exigit effectum; nunc injusticia nunc inprudentia comitatur non tribuentem, quare hæc vicium illa detegit insiciam. Cujus officium recte explicabitur si talecumque constituas quale jus ipse habet sive de re sive agatur de vindicta. Si equitas in rerum convenientia inspicitur justicie vero nomen nos transmitit ad voluntatem intelligendam. At jus est ars boni et equi. Ex bono enim publico sic estimamus equitatem ut id potissimum equum sit quod publice utilitati deservit. Quo fit ut quod equum sit per se et prima facie id excludamus in specie. Ut ecce equitas jubet omnem hominem liberum esse, item rem suam cuique durare, attamen in animo equitatis que publicam sequitur utilitatem, hoc servitute illud excludit usucapione.

Juris vero prudentia est divinarum rerum notitia et humanarum justi atqui injustia scientia, si ipsarum rerum cognoscat quis varias conditiones et per earum diversitatem sciat quoque diversa jura statuere; persepe enim, quod in rebus divinis est inhibitum in humanis est permissum e contra quod in hiis necessarium, in illis nullo jure permissum sit. Igitur repetita sententia, jus boni et equi finibus stat quidem contentum. Juris vero prudentia non in eo solo citra rerum prudentie noticiam subsistit sed etiam eatenus se expandit.

CHAPITRE III.

MÉLANGES DE DROIT CIVIL ET CANONIQUE.

Des divers écrits ou fragments qui se succèdent dans le MS. après l'*Epitome Exactis,* les deux premiers se rattachent au droit civil, les autres paraissent surtout l'œuvre de canonistes. Le plus notable est un petit traité des prescriptions qui occupe le f° 176. Je me bornerai à indiquer le début de ces divers morceaux; cela suffira pour leur caractéristique sommaire. Un examen détaillé comporterait une étude spéciale.

1° *Traité des prescriptions* (f°s 176 v°-177 r°).

Quod autem prescriptione.

Quum in hac questione de prescriptionibus multa dicuntur ab hiis qui juris habent prudentiam venia impetrata legum ex partibus morem geram, de prescriptionibus pauca breviter perstringens. Videndum est igitur in primis quid sit prescriptio, quæ species prescriptionis, quomodo inchoetur prescriptio, que sint cause que inducant, que continuant, que perficiant prescriptionem, quomodo vero interrumpatur prescriptio, quis sit effectus prescriptionis, que prescriptiones currant in rebus privatis quæ in rebus ecclesiasticis...

2° *De jure civili* (f° 177 r°) (1).

Breviter videamus inspicientes quid ipsum sit in quibus consistat et quoquomodo processerit et ei in quo detractum aliquid aut adjunctum fuerit. Est itaque naturale jus vis quædam humane creature a natura insita ad faciendum bonum cavendum que convicium. Consistit autem jus naturale in tribus, mandatis sive prohibitionibus, demonstrationibus. Mandat namque quod prosit : ut diliges dominum deum tuum; et contra prohibet quod ledit : ut non occides; demonstrat quod convenit : ut omnia in commune habentur, ut omnium sit una libertas et hujusmodi. Hoc ergo jus naturale peccante homine adeousque confusum est ut deinceps homines nichil putarent fore illicitum...

3° *Traité des lettres formées* (f° 178) (d'après le décret de Gratien).

4° *De figura affinitatis* (f° 178-v°).

Quia si quid in pictura distinguitur facilius accomodatur animo commendatur, fecimus duos linea juxta virum dispositas...

5° *Sponsa alia simplex alia non simplex* (f° 179-v° suiv.).

Simplex sponsa appellatur ad differentiam conjugis, quæ in simplicitate sponsionis remanens non transivit ad exhibitionem affectus conjugalis. Non

(1) Le titre a été ajouté par une autre main.

simplex sponsa dicitur quæ non in sponsione remanet sed ad conjugalem affectum jam transiit sed nondum cognita est, quæ dicitur sponsa ad differentiam mulieris quæ cognita est corpore... (1). Quod autem de simplici sponsalo quitur patet ex decreto GG. quod sic incipit : *Decreta legalia...*

6° (f° 182). Pro utraque parte testem debere artari juramento ad varitatem dicendam. De hiis quæ ad causam ecclesiasticam pertinent nemini venit in dubium. Quicquid in causa vertitur sive accio sive ecceptio sive replicatio sive testis exclusio ad causam mihi pertinere videntur. Si enim quis producat testem in causa pecuniaria..... Ut in auctenticis de testibus et canonibus, causa 35 q. 6 de illa parentela...

(1) Au bas du f°, on lit cette note rimée :

Qua enim proportione se habet junior ad seniorem,
Eadem virgo ad uxorem
Virgo enim dicitur viri ignara
Uxor dicitur viri soror vel viri gnara.

CHAPITRE IV.

DÉFINITIONS (f° 183).

Les définitions réunies sur ce feuillet et intercalées ainsi au milieu d'écrits juridiques fournissent la preuve que jusqu'au XIIIe siècle, un grand nombre d'entre elles se transmettaient traditionnellement, je dirais volontiers mécaniquement, comme se transmettaient les *Excerpta* de lois romaines. L'âge de ces définitions ne peut donc être d'aucun secours pour fixer l'âge des écrits auxquels elles ont été incorporées.

Nous rencontrons précisément ici une définition du *Studium* empruntée dans l'origine à Cicéron et dont la présence dans l'*Expositio terminorum* a servi d'argument à M. Fitting pour faire remonter cet ouvrage au moins jusqu'à la première moitié du XIe siècle [1]. On peut juger de la faiblesse du point d'appui. Qui nous dit, par exemple, que cette définition n'a pas passé à une époque bien plus récente d'un MS. comme le nôtre dans une compilation comme l'*Expositio?*

Voici quelques-unes des définitions que le f° 183 contient :

(1) Fitting, *Juristiche Scriften*, p. 34-36.

Studium est vehemens applicatio animi et assidua ad aliquid agendum cum summa voluntate.

Ingenium est vis inveniendi, ratio vis discernendi inventa, memoria vis conservandi.

Non est bonum quod non eum qui id possidet facit meliorem.

Libertas est potestas vivendi ut velis.

CHAPITRE V.

DISTINCTIONES HUGONIS.

Ce n'est nullement un traité *De pactis,* comme l'indique par erreur le catalogue de la Bibliothèque de sir Thomas Gale, qui remplit les f°s 184 à 202. Nous avons au contraire sur ces feuillets une partie du recueil fort énigmatique des *Distinctiones* qu'un MS. de la Bibliothèque nationale (latin 4603) présente comme l'œuvre collective de Hugo et d'Albéric (1) et que les glossateurs du XIIIe siècle ont, en général, attribuées à ce dernier. Savigny avait déjà relevé le fait qu'un certain nombre de ces *Distinctiones* ont les sigles P et Ot (2); M. Pescatore a montré récemment qu'il en est d'Irnerius (3).

Jusqu'à présent on connaissait, comme manuscrits, outre le MS. latin 4603, un MS. de Bamberg et un de Bologne (4). Un quatrième MS. vient d'être découvert à la Bibliothèque Arigi, à Rome, par M. V. Scia-

(1) MS. latin 4603, f° 63. « Incipiunt distinctiones a domino Ugone composite et a domino Alberico consummate. »
(2) Savigny, *Geschichte*, IV, p. 160-161.
(3) Pescatore, *Die Glossen des Irnerius*, p. 69 et suiv.
(4) Voyez Savigny, *loc. cit.*

loja (1). Le MS. de Cambridge est désormais à y joindre.

Ce MS. ne contient pas toutes les *Distinctiones* de celui de Paris; de plus l'ordre y est différent. Il a une des *Distinctiones* spéciales au MS. de Bologne et une autre (n° 59) qui ne se trouve dans aucun des trois premiers MSS. (2). On y trouve intercalé un texte (n° 51) d'un caractère différent.

Voici la liste des *Distinctiones* de notre MS. avec les numéros correspondants des tables de Savigny (3).

1. Pactorum quedam in contractu bone fidei (Savigny A. 1).
2. Stipulatio est alia pura alia conditionaria (A. 2).
3. Qui promittit hominem aut in genere promittit aut in specie (A. 3).
4. Lite contestata sepe contingit reum abesse (A. 4).
5. Qui ante litem contestatam abest aut de re immobili quod possidet aut de debito convenitur (A. 5).
6. Cum quis alieno nomine agit (A. 12).
7. Constituitur procurator quandoque ad agendum quandoque ad defendendum (A. 13).
8. Negociorum gestorum accione conventus (A. 11).
9. Qui exigit a debitore alieno aut nomine creditoris aut suo (A. 10).
10. Qui vendidit rem communem (A. 18).

(1) MS. Chis. E, VII, 211. Voyez Pescatore, *op. cit.*, p. 70, note.

(2) Je ne connais pas encore la composition du quatrième.

(3) Savigny, *Geschichte*, IV, p. 500 et suiv.

11. Cum minor xxv ann. vendit (A. 6).

12. Qui contrahit cum filio familias (A. 11).

13. Cum quis pro minore intercedit (A. 7).

14. Cum prædium pignori obligatum distrahitur (A. 14).

15. Delinquit minor quandoque faciendo quandoque promittendo (A. 58).

16. Qui solvit minori vel ejus tutori vel curatori (A. 59).

17. Cum aliquis solvit aut est major xxv annis aut est minor. (A. 60).

18. Cum fiscus distrahit rem alienam (A. 17).

19. Servus quandoque emit mancipium nomine domini et quandoque suo nomine aut ex causa peculiari (A. 61).

20. Qui rem possidere desiit aut dolo malo aut sine dolo (A. 62).

21. Stipulatur quandoque pat. fam. quandoque filius (A. 63).

22. Mora fit quandoque jure communi quandoque jure singulari (A. 64).

23. Jus aliud civile aliud prætorium (A. 65).

24. Qui credit se heredem esse cum minor sit (A. 66).

25. Donat pater filio quandoque emancipato quandoque filio in potestate constituto (A. 19).

26. Possessorem quidam bon. fid. quidam male (A. 27).

27. Restitutiones postulantur quandoque a minoribus quandoque a majoribus (A. 15).

28. Dolus inest quandoque contractui bone fidei quandoque contractui stricti juris (A. 16).

29. Qui experitur aut suo nomine aut alieno. (C. 1).

30. Novatio alia voluntaria alia necessaria (A. 67).

31. Questio status quandoque majori xiiii annis quandoque pupillo movetur (A. 68).

32. Causa alia criminalis alia civilis alia de pecunia (A. 69).

33. Distrahitur eadem res duobus quandoque ab eodem domino (A. 20).

34. In dotem datur quandoque proprietas quandoque ususfructus (A. 70).

35. Peculium aliud castrense aliud paganum (A. 71).

36. Qui rem alienam a non domino emit (A. 72).

37. Cum testator intestato (in testamento) aliquid legat vel scribit (A. 73).

38. Qui dat mutuam pecuniam aut suam aut alienam (A. 74).

39. Solvit quis quandoque vero procuratori quandoque falsò quandoque debitum quandoque indebitum (A. 8).

40. Cum res ea lege donatur ne alienetur (A. 75).

41. Cum dono et donationi legem appono (A. 21).

42. Quandoque do tibi pecuniam ut servum tuum manumittas (A. 76).

43. Cum do tibi pecuniam ut aliquid facias (A. 77).

44. Datur quandoque pecunia ut accio contra debitorem cedatur (A. 78).

45. Cum maritus debet aut debet fisco aut alii (A. 79).

46. Cum filius nominatur ad aliquid munus publicum (A. 32).

47. Cum servus debet aliquid aut ex contractu vel quasi aut ex maleficio (A. 33).

48. Qui contrahit cum servo aut contrahit domino sciente aut ignorante (A. 34).

49. Adquiritur mihi per procuratorem quandoque dominium (A. 35).

50. Debet quis quandoque ex pluribus principalibus causis quandoque ex una principali et ejus accessoria (A. 38).

51. Quia sacratissime leges ab omnibus sciri et intelligi debent ut prescripto earum manifestius cognito universi ab inhibitis abstineant et permissa sectentur, qui nesciens eas in aliquibus labitur est indignus juris auxilio (1).

(Suit une dissertation sur l'erreur de fait et de droit) (Cf. A. 87).

52. Qui pro alio intercedit aut est minor aut major (A. 37).

53. Emptio quandoque pure quandoque sub conditione contrahitur (A. 38).

54. Plus petitur quandoque dolo malo quandoque sine dolo (A. 39).

55. Lite contestata dilationes peti solent (A. 40).

56. Cum servus communis stipulatur (A. 41).

(1) Cf. C. 9 *De legibus*, (I. 14). Cette constitution forme le 1er chapitre du *Petrus* complet, chapitre tiré d'ailleurs que des collections A et B.

57. Interest valde utrum quis suis emerat nummis (A. 46).

58. Cum mater alit liberos aut patre vivente aut eo mortuo (A. 31).

59. Cum filius solvit pro patre aut est in potestate aut est sui juris. Si emancipatus solvit aget mandati, si vero in potestate distingue de quo peculio, ut si de castrensi vel quasi repetet et durante potestate quum in hiis ut paterfamilias habetur. V. D. ad macedonianum et t. de judit. lis et C. de clericis. Si vero de pano (pagano) solvit aut profecticio aut adventicio. Si de profecticio non repetet. Si de adventicio non repetet patre vivente, sed repetet eo mortuo vel familae herciscunde judicio si non est dictatum vel negociorum gestorum si dictatum est. V. C. de neg. g. Si filius et D. familie hercisc. Si filia.

CHAPITRE VI.

EXCEPTIONES PETRI ET EXCERPTA.

Nous voici arrivés au texte qui a été l'occasion première de cette étude et qui en est le centre : les *Exceptiones Petri.* Nous ne les trouvons pas sous leur forme complète et définitive, mais sous la forme de la collection A, avec la particularité que cette collection est dans notre MS., comme dans le MS. du Vatican, précédée d'un prologue, mais d'un prologue plus court, sans indication ni de ville ni de magistrat. Sa teneur est la suivante :

« Cum de pluribus diversis que causarum generibus per tot variosque legum scrupulos legumque doctoribus ad diffinitivam sententiam sine labore pervenire fas non sit : utriusque juris naturalis scilicet et civilis ratione perfecta (perspecta) et judiciorum et controversiarum exitus planis et apertis capitulis enodamus. Quicquid noviter inventum ac tenaciter servatum, sensibus integris revelamus ut nihil injustum jurisve provocationi subjectum appareat, sed ad vigorem justitiæ et ad supernæ majestatis laudem omni corruptione remota totum refulgeat. »

Le prologue n'a d'autre titre que les mots (en lettres rouges) : *Incipit prologus Legum Romanarum.*

Les chapitres, sauf les quatre premiers, n'ont pas de rubrique. Le chapitre 1er porte en tête : *De datione tutele III.* Le chapitre 2 : *De ordinibus personarum VI.* Le chapitre 3 : *De alienatione dotis.* Le chapitre 4 : *De eodem.* Ces rubriques ont été transcrites d'après un Petrus complet, car les chiffres III et VI placés à la suite des deux premières sont les nos d'ordre des chapitres correspondants de Petrus (1).

Il y a dans la disposition des chapitres une série d'anomalies dont il peut être utile de noter les principales :

Les chapitres 50 et 51 de la collection A (2) font corps avec le chapitre 49. — De même les chapitres 52, 53, 54 constituent un seul chapitre. — Par contre, deux chapitres ont été formés avec le n° 155 de la collection A, le deuxième partant des mots : « *De re filii* ».

Les chapitres 73, 74, 75 ont été réunis en un seul ; le chapitre 82 a été joint au suivant. Il en est de même des chapitres 96, 107.

Le dernier chapitre est composé des nos 135, 136 et 137 (1er de l'Appendice).

(1) Chap. 1 de collection A=P. 3. Chap. 2=P. 6.

(2) Les nos de la collection A que je prends comme points de comparaison sont ceux du MS. Barrois 336 (latin 4719 1). J'en ai donné la suite *supra*, p. 225 et suiv., avec la concordance des chapitres de Petrus.

Le texte du MS. paraît en général assez corrompu. Il s'y trouve pourtant nombre de leçons dignes d'attention. Je ne les relèverai pas ici. On ne pourra le faire avec fruit que dans une édition critique des *Exceptiones Petri.*

Les *Excerpta* qui suivent le texte de la collection A (f° 220-227 v°) sont très étendus. La plupart sont des reproductions textuelles de lois romaines se succédant par séries. Nous y rencontrons, notamment, comme je l'ai dit dans la précédente étude, un groupe de textes qui se suivent dans le même ordre dans la collection B et d'autres qui font partie soit des chapitres sans rubrique de la collection A, soit du supplément spécial au MS. Barrois 336. Enfin, je signale en tête même un texte dont le chapitre 49 de la collection A (Petrus IV, 7) semble la paraphrase. — En général, je pourrai me borner à indiquer la source d'où les *Excerpta* sont tirés, ou renvoyer aux textes concordants.

Excerpta (f° 220-227 v°)

1. Quinque personæ in juditio sunt necessarie : actor, reus, judex, testis juris, testis facti. Actor est qui petit, reus a quo petitur, judex est qui de causa cognoscit et cognita causa juditium pronunciat. Testes juris sunt advocati, id est qui causam dicent. Testes facti sunt in quorum presentia res de qua agitur actam esse dicantur. Actoris officium est intendere et intenta probare. Rei officium est confiteri vel negare

vel eccipere. Judicis officium est magis equo et bono favere quam regulis stricti juris servire. Advocati officium est causam sue partis diligentissime postulare ejusque juri frequenter insistere falsaque cognita ab ea desistere. Testis officium actum juditio promere quæ presens audivit vel vidit et ut ei fides adhibeatur per jusjurandum deponere (1).

2. In testibus esse.... (comme le n° 1 du supplément spécial au MS. Barrois 336).

3. L. 6 *De testibus* (22.5) (n° 2, *Ibid.*).

4. Ut testes ad testimonium dicendum non conducantur (Cf. n° 3, *Ibid.*)

5. Qui semel perjuratus fuerit nisi exacta pœnitentia nunquam sit testis postea (Cf. Capit. Long. Kar. magni, 151-152).

6. Cum plures... (n° 4 du supplément spécial au MS. Barrois 336).

7. L. 10 *De testibus* (22.5).

8. L. 11 *De testibus* (22.5) (n° 5 du Supplément spécial au MS. Barrois, 336).

9. L. 7 *De testibus* (22.5) (n° 6, *Ibid.*).

10. Mutus, surdus, furiosus, mente captus, pupillus, prodigus, testes esse non possunt. Mulier autem potest nisi in solo testamento vel de adulterio condemnata (Cf. Petrus IV, 31 et 35).

(1) Cf. Petrus IV, 7. — *Libellus de verbis legalibus*, n° 2 (Fitting, *Jurist. Schriften*, p. 182). — Joannis Andreæ *Summula de processu judicii* (Ed. Wunderlich, Bâle, 1840), cap. 1.

11. Vox unius testis omnino non audiatur (Cf. Petrus IV, 30).

12. Non debet esse testis... (n° 7 du Supplément spécial au MS. Barrois 336).

13. Socii et participes... (Petrus IV, 38).

14. Nemo de se consensum (confessum) supra conscientia scrutetur aliena (1).

15. Quisquis crimen intendit non impunitam noverit licentiam esse mentiendi cum calumpniantes ad vindictam vocet similitudo supplicii (Cf. C. 17 *De accusationibus,* 9.2).

16. Quisquis sciens... (Cf. L. 1 et 50 *De cond. indebiti,* 12.6) (n° 8 du Supplément spécial au MS. Barrois 336).

17. In D. libro IV, t. Quod metus causa gestum est... (L. 13 (4.2)) (Petrus IV, 14) (MS. Barrois 285 n° 118.)

18. Et hoc in Dig., lib. IV, De minoribus xxv annis ... (L. 3 (4. 4)) (Petrus II, 45) (MS. Barrois 285 n° 119.)

19. Quando turpitudo... (Petrus III, 55) (*Ibid.* n° 120).

20. In Dig., in libro VI circa finem. Qui in perpetuum... (L. 1, § 1, L. 2, L. 3 (6.3) (Petrus III, 56[a]) (Chap. oblitéré du MS. Barrois 285, *supra*, p. 201, note).

21. In C. lib. IV *in fine.* Si in emphiteota per totum triennium seu tributa domino non solverit licet dominum eum repellere a prediis emphiteotecariis.

(1) Cf. Excerpta du MS. latin 4422, n° 64, *suprà*, p. 142.

Dominus igitur de multo melius conductis possit eum repellere. (Deux dernières phrases de Petrus III, 56) (MS. Barrois 285 n° 1).

22. In Dig., l. VI, t. De rei vindicatione... (L. 60 (6.1) (MS. Barrois 285 n° 2).

23. In Dig., lib. 13 t. De pignoraticia accione L. 9^a... L. 4, al. 2 (13.7)) (Petrus II, 47) (MS. Barrois 285 n° 3).

24. In eodem... (L. 9 pr. (13.7)) (Petrus II, 4) (*Ibid.* n° 4).

25. Qui rem alienam... (L. 9, § 4. L. 10, etc. (13.7)) (Petrus II, 48) (MS. Barrois 285 n° 5).

26. L. 22 pr. (13.7) (Petrus II, 51) (MS. Barrois 285 n° 6).

27. L. 35 pr. (13.7) (Petrus II, 30, 1re phrase) (*Ibid.* n° 7^a).

28. In eodem, D. lib. XIII... (Petrus II, 30, 2^e phrase) (MS. Barrois 285 n° 7^b).

29. Cum residisset pp. Silvester cum Constantino in Sinodo Augusto et similiter cum eis residentes CLXX^a episcopi et cum eis CC^ti LXX presbiteri.

30. In novellis constitutionibus de monumentis. Publica monumenta... (Julien, cap. 173-174, const. 42. 1-2).

31. Si quis depositum... (Julien, cap. 228-229, const. 66, cap. 1-2).

32. Ex nudo pacto actio non nascitur (Cf. C. 10, *De transact.*, 2.3).

33. Pacta novissima... (C. 12, *ibid.*).

34. Sancimus omnino hujusmodi pacta quæ contra

bonos mores inita sunt repelli et nichil ex hiis pactis servari (Cf. C. 30, *ibid.*).

35. Crimen enim non contrahitur... (Cf. C. 1, *Ad legem Juliam de sicariis*, 9.16).

36. Si quis parentis aut filii... (Inst., § 6, *De publ. jud.*, 4.18) (Cf. Appendice de l'*Epitome Exactis*, éd. Conrat, p. 159).

37-41. C. 2, 3, 4, 5, 8 (*De maleficis et mathem.*, 9.18).

42. Sacrilegas autem nuptias gladio puniri oportet (Cf. C. 30, § 1, *Ad leg. Jul. de adult.*, 9.9).

43. C. 2 (dern. phrase), *Qui potiores in pignore* (8.18).

44. C. 3, *De sepulcro violato*, 9.19.

45. C. 2, *De falsa moneta*, 9.24.

46. C. 9, *De injuriis*, 9.35.

47-48. C. 12, 22, *De pœnis* (9.47).

49. Justum est voluntates contrahentium magis quam verborum acceptionem inspicere (Cf. L. 219, *De reg. jur.*, 50.16).

50-51. C. 5, 16, *De donationibus*, 8.54.

52-53. C. 3, 7, *Communia de succ.*, 6.59.

54. 2e phrase de C. 9, *De test. manum.*, 7.2.

54. Ambiguis sensibus melius est et maxime in libertate ejus (libertatis) favore humaniorem amplecti sententiam (Cf. L. 10, § 1, *De rebus dubiis*, 34.5).

55. Omnibus uxores habentibus concubinas vel ancillas vel libertas habere nec antiqua jura nec nostra concedunt (Cf. C. un., *De concub.*, 5.26).

56-57. C. 3, 30, *De liberali causa*, 7.16.

58-59. C. 5 (dernière phrase) et C. 6, *De usucap. pro emptore,* 7.26.

60. C. 3 (dernière phrase), *De fructibus.* 7.51.

61. C. 1, 6 (2e phrase). *De re judicata.* 7.52.

62. C. un. (1re phrase), *De confessis,* 7.59.

63. C. 1, *De inutilibus stipul.,* 8.39.

64-65. C. 1, 16, *De solut. et liber.,* 8.43.

66. C. 1 (à partir de la 3e phrase), *De revoc. don.,* 8.56.

67. C. 10, *Ad leg. Jul. de adult.,* 9.9.

68. Homicida, parricida, adulter, raptor virginum et viduarum violatorque monete et majorum reus criminum semper expectet quod fecit. Reus majestatis de domino adversus quem talia molitus est veniam sperare non debet (Cf. C. 3, *De episcop. aud.,* 1.4).

69. Causa judicati et causa transaccionis et pietatis. Si natale (naturale?) debitum superest. Quotiens lis inficiando crescit. Si a sciente datur libro I.

70. C. 7, *De juris ex furti ignorantia,* 1.18.

71. C. 9, *De legibus,* 1.14 (1re phrase de Petrus I, 1).

72. C. 1, *De errore advocat.,* 2.10.

73. Alia. C. 22, *De neg. gestis,* 2.19.

74. Alia. C. 12, *De his quæ vi,* 2.20.

75. Privatorum consensus judicem non facit eum qui nulli præest judicio. Nec quod hic statuit re judicate continet auctoritatem.

76. C. 1, *Quando liceat unicuique,* 3.27.

77-78. C. 24-25, *De probationibus,* 4.19.

79-89. (n°s 138-139, 141-148 de la collection A).

CHAPITRE VII.

MÉLANGES DE PROCÉDURE CIVILE. — CONCLUSION.

Ces mélanges se composent d'un petit fragment (f° 247-r°-v°), *De multiplici jurisdictione*, qui débute ainsi : De multiplici jurisdictione nunc quasi totius in partes, nunc tanquam generis in species.

Vient ensuite le troisième chapitre du traité *De varietate actionum* attribué à Placentin (1) et dont Savigny considère Bulgare comme auteur (2). Cette hypothèse, basée sur le texte fourni par le MS. latin 4603, texte publié depuis par Wunderlich (3), est confirmée par notre MS., qui n'a pas seulement le sigle B, mais porte : Bulg9. Je reproduis le préambule en son entier, car il fournit encore d'autres variantes intéressantes :

Karissimo amico suo et domino A. Dei gratia romane ecclesie cancellario Bulg9 in Xristo salutem et eorum qui juris sciunt archana percipere. Vestre serenitatis apices ad nos a vobis missos servili affectione

(1) V. *suprà*, p. 295-296.

(2) Savigny, *Geschichte*, t. IV, p. 115 et suiv.

(3) Wunderlich, *Anecdota quæ processum civilem spectant* (Gottingæ, 1841), p. 13 et suiv.

suscepimus. Deinde materiam ministratam licet nimis arduam feliciter domino favente prosequimur.

Les rubriques des chapitres sont les suivantes :

1. De arbitris et judicibus (1).
2. De advocatis (2).
3. De majestate judicis.
4. De actoribus.
5. De reis.
6. De accusatoribus.
7. De testibus.
8. De judiciis et observatione judiciorum (3).
9. De appellationibus et qui et quando et super quibus possit appellare (4).
10. De consultationibus (5).

Nous sommes parvenus ainsi au dernier feuillet du MS. de Cambridge et à la dernière page de cette Étude. Je n'ai pas la pensée d'avoir tiré du MS. tout ce qu'il est susceptible de fournir à la science historique, mais je crois en avoir donné un aperçu assez

(1) Correspond aux §§ 1 et 2 de l'édition Wunderlich.

(2) Les chapitres 2 et 3 forment le § 3 de l'édition Wunderlich.

(3) Correspond aux §§ 8, 9 et 10 de l'édition Wunderlich.

(4) § 11, *ibid.*

(5) §§ 12, 13 et 14, *ibid.* — Le traité se termine ainsi dans notre MS. « Judex si depravatus pretio vel gratia perperam judicavit vindictam non modo estimationis et famae verum et litis dispendium sustinebit; si per inscientiam et imprudentiam male judicavit condempnabitur quatenus equum videbitur religioni judicantis de ea re » (Cf. Petrus IV. 8).

complet et assez exact pour guider les savants qui voudront le soumettre, dans l'ensemble ou dans ses parties constitutives, à une investigation plus minutieuse.

Je résumerai en peu de mots l'impression qui s'est dégagée pour moi de sa lecture.

Il paraît avoir existé au XIIe et au XIIIe siècle une masse juridique flottante, impersonnelle, anonyme, constituant une sorte de domaine public où chacun puisait sans scrupule. Ce fonds commun était formé et alimenté par des éléments antiques (lois romaines intactes ou déchiquetées, reconnaissables ou démarquées, définitions, etc.) et par des éléments contemporains ou récents (gloses, sommaires, distinctions, prologues, etc.). La différence qu'il présente avec l'idée que l'on s'est faite, avec le type que l'on a conçu du *genre* des glossateurs (comme si ce genre avait immédiatement tout envahi et supplanté, en Italie et au dehors!) a fait prendre pour des écrits prébolonais des ouvrages qui étaient simplement puisés dans ce fonds (comme le Petrus, notamment, a pu l'être); elle a fait considérer ces écrits comme des degrés intermédiaires entre la science du VIe siècle et la renaissance de la fin du XIe, alors qu'ils n'étaient qu'un effet indirect de cette renaissance.

Si la conclusion que je viens de formuler est exacte, elle confirme les résultats acquis dans les deux précédentes Études. Elle fait voir en même temps combien l'historien doit se tenir en garde contre une tendance exagérée à simplifier. Sans doute, il est de grands courants qui se dessinent dans le développement des sociétés et des institutions humaines, mais ces courants reçoivent des affluents de toutes parts et en forment. C'est ainsi que la renaissance juridique des XIe et XIIe siècles fut multiple dans ses manifestations. L'unité du progrès sortit, comme la vie des peuples en offre tant d'exemples, de la diversité des moyens employés et de la divergence des voies parcourues.

FIN DES ÉTUDES CRITIQUES.

TABLE DES MATIÈRES.

TROISIÈME PARTIE.

TRAVAUX COMPRIS ENTRE LA FIN DU VIe SIÈCLE ET LA FIN DU XIe.

QUATRIÈME PARTIE.

L'ENSEIGNEMENT DU DROIT DU VIe A LA FIN DU XIe SIÈCLE.

APPENDICES DE LA PREMIÈRE ÉTUDE.

DEUXIÈME ÉTUDE.

Les manuscrits parisiens des Exceptiones Petri.

APPENDICES DE LA DEUXIÈME ÉTUDE.

TROISIÈME ÉTUDE.

Un manuscrit de Cambridge.

BAR-LE-DUC, IMPRIMERIE CONTANT-LAGUERRE.